ドイツ・フランス・日本の
障害者雇用と福祉

高橋 賢司・小澤 真・大曽根 寛

大阪公立大学出版会

目　次

第1章　問題意識　なぜ，ドイツ，フランスと比較するのか⋯⋯⋯⋯⋯⋯　1
　　　　　　　　　　　　　　　　　　　　　高橋 賢司・小澤 真

　1．本書の問題意識　3

　2．本書の視点　5

　3．本書の構成　6

第2章　ドイツの障害者雇用と福祉 ⋯⋯⋯⋯⋯⋯⋯⋯⋯⋯⋯⋯⋯⋯⋯⋯　7
　　　　　　　　　　　　　　　　　　　　　　　　高橋 賢司

　1．国連障害者権利条約　9

　2．一般就労　13

　3．作業所での就労　30

　4．統合政策　37

　5．ドイツにおける教育訓練と援助付き雇用　44

　6．小括　日独比較　49

第3章　フランスの障害者雇用と福祉 ⋯⋯⋯⋯⋯⋯⋯⋯⋯⋯⋯⋯⋯⋯　53
　　　　　　　　　　　　　　　　　　　　　　　　小澤 真

　1．はじめに　55

　2．障害者権利条約と現行法　57

　3．障害の定義とデータ　62

　4．一般就労　81

　5．フランスにおける援助付き雇用　112

　6．障害者の社会的企業，適合企業　116

　7．福祉的就労施設での就労　122

　8．小括　148

第4章　結論　ドイツ，フランス，日本の障害者雇用・福祉政策の国際比較

·· 151

高橋 賢司・小澤 真・大曽根 寛

1. 障害の定義と認定方法　　153
2. 一般雇用（雇用率）　　157
3. 社会的雇用　　162
4. 福祉的就労　　166

後　　記··· 172

小澤 真・高橋 賢司

初出一覧··· 174

著者紹介··· 175

第1章

問題意識
なぜ，ドイツ，フランスと比較するのか

高橋　賢司（Kenji TAKAHASHI）

小澤　　真（Makoto OZAWA）

1. 本書の問題意識

　日本では，長年障害者の就労先として位置づけられてきた「シェルタード・ワークショップ」（いわゆる福祉的就労施設ないし作業所）には，障害者総合支援法に基づく就労継続支援A型事業所（以下，A型事業所または作業所）及び就労継続支援B型事業所（以下，B型事業所または施設）がある．一方で，これらは障害者にとっての居場所であり，政策的には訓練の場とされているが，実質的には就労の場でもある．しかし，これらの施設は労働市場から隔離されているという問題が指摘されており，一般就労への橋渡しが長年にわたり重要な法政策上の課題とされている．また，一般就労と福祉的就労施設の間にある中間的な就労，あるいは雇用の仕組みがさらに必要とされるのかもしれない．

　これに対して，ドイツやフランスでは，障害者権利条約を批准する過程で，障害者の雇用・就労に関する法制度の改革が進められている．たとえば，ドイツでは国連障害者権利条約の具体化を目指し，作業所から一般労働市場への橋渡しや，作業所での就労に代わる選択肢を提供するために，2018年に「ブジェー・フュア・アルバイト（Budget für Arbeit，直訳で「仕事のための予算」）」と呼ばれる新しい補助金制度が導入された．この制度は，障害者が作業所から企業で雇用された際に，その人に対して補助金を支給する国の制度であり，支援期間中は賃金の75％まで補助される．いわゆる賃金補助の機能を果たすものである．一方，日本では，賃金補助に対して政府の姿勢は消極的であり，これについても今後どのような政策的可能性があるのかが問われる．作業所から雇用への橋渡しがいかに可能であるか．本書では，ドイツとフランスの政策を国際比較し，日本の障害者雇用政策における新たな政策手段を模索する．

　わが国では，雇用政策と福祉政策が連携しておらず，厚生労働省内でも雇用政策は旧労働省，福祉政策は旧厚生省が所管している．このような雇用と福祉の政策上の分離は，たとえばジョブ・アシスタントが障害者に随伴できないという問題を引き起こしている．障害者が雇用される職場でトイレなどの介助が必要な場合でも，雇用の領域ではジョブ・アシスタントが介助できないため，

結果として介助が必要な重度の障害者が雇用に至らない事態が生じてきた．現在，ようやく納付金を財源とした障害者介助等助成金を通じて，朗読・代読，文書作成・代筆，書類作成・整理，移動・付添の介助に加えて，食事・トイレ等の介助が助成の対象となった．しかし問題は，企業等がこれを十分に活用して障害者を雇用しているかである．このような助成金を十分に活用せず，介助付きの雇用を企業等が認めないという状況は，雇用上の合理的配慮を求める障害者権利条約に適合しないのではないか．

　わが国でも障害者権利条約は既に批准されているが，障害者雇用において条約の理念と規定（特に差別禁止や合理的配慮の規定）をどのように活かし，発展させていくべきかが依然として大きな課題となっている．

　障害者が雇用される場は限られている．本章の冒頭で述べたように，日本では従来，障害者総合支援法に基づく就労継続支援A型事業所とB型事業所が実質上就労場所として一定の役割を果たしている．しかし，A型事業所の障害者は「労働者」として扱われ，労働法（労基法9条，労契法2条1項）が適用されるが，B型事業所の障害者は「労働者」とはみなされず，労働法が適用されない．そのため，A型事業所では報酬は「賃金」として最低賃金以上が保障されるが，B型事業所では報酬が「工賃」とされ，最低賃金法が適用されず，工賃の水準も，（一般企業には適用される）最低賃金の水準に満たないことも多い．これに対して，十分な賃金補助の制度がないという指摘は以前からあった．

　ドイツやフランスでは，こうした福祉的就労における所得保障の仕組みが随時見直されており，日本に比べてかなり好条件であるといえる．日本の「工賃」の低さを改善する新たな政策を検討することも，本書の研究目的の一つである．

　さらに，上記のA型事業所は福祉政策の一環であり，雇用政策とは位置づけられていない．ドイツやフランスでは「雇用」と「福祉」の中間的な領域として，前者には「インクルージョン企業」，後者には「適合企業」が存在しており，いずれも法的には広義の「企業」とされている．民間企業に雇用されることが難しく，福祉的就労では工賃が低いという日本の状況を踏まえ，ドイツやフランスのような中間的な雇用・就労の仕組みをどのように構築していくかが課題である．箕面市では，「社会的雇用」という自治体独自の取り

第1章　問題意識 なぜ，ドイツ，フランスと比較するのか

組みが行われており，複数の事業が運営されている．そこで雇用される障害者には最低賃金以上が保障されている．このような取り組みは他にもあるが，数は多くない．

2．本書の視点

　本書は，これまで働く場から排除されがちだった障害者の雇用・就労のあり方を根本的に見直し，ヨーロッパにおける先行改革の内容と成果を分析し，国境を越えた政策の先駆的な成果を明らかにすることを目指す．日本の政策や現状と比較しながら，障害者の雇用・就労を中心に，連帯のための具体策を提案する．この提案は，障害者当事者だけでなく，家族，支援者，さらには企業にとっても，極めて実践的な価値を持つと考えられる．

　本書では，EU各国，とりわけ日本に大きな影響を与えるドイツとフランスにおける雇用率制度，納付金制度，これらに基づく給付金制度などを分析する．また，前述のジョブ・アシスタントの仕組みについても明らかにする．さらに，日本にも存在する企業への給付金制度に加えて，ドイツやフランスではより多様な給付金の仕組みが整っていることや，とくにドイツでは障害者雇用に対する給付金制度が存在することを紹介する．こうした研究は，雇用と福祉の領域を整合させながら政策立案を行う必要がある日本にとって，より大きな政策的意味を持つといえる．日本の政策枠組みを改革するための理論基盤を形成し，具体策を提示することは本書の目的の1つめである．

　第二に，福祉的な施設から一般就労への橋渡しがどのように可能かを検討する．本書は，ドイツやフランスの政策を国際比較することで，日本の障害者雇用政策における有効な政策手段を探る．同時に，福祉施設での障害者の工賃が低い現状を放置することは，人間の尊厳に関わる問題であるため，こうした状況を変革するための国際的な政策の可能性を考察していく．

　第三に，障害者が民間企業での雇用が困難である一方で，福祉的就労における工賃の低さにも課題がある中，これらの中間的な領域における雇用（あるい

5

は就労）の仕組みがどのように構築されているかを考察する．本書では，ド
イツとフランスを参考に，中間的な領域での社会的雇用のモデルを明らかに
していく．

3. 本書の構成

本書は，上記の視点に基づき，ドイツとフランスにおける雇用及び福祉の
政策とその実践を明らかにし，さらに，雇用政策がどのような理念に基づき，
どのような具体的政策が必要とされるかを明らかにしていく．そのため，本
書は以下の構成で説明を進めていく．

第2章　ドイツの障害者雇用と福祉
第3章　フランスの障害者雇用と福祉
第4章　結論　ドイツ，フランス，日本の障害者雇用・福祉政策の国際比較

第2章は高橋賢司が執筆し，第3章は小澤真が執筆した．第4章は高橋と
小澤が共に執筆したが，本書の発起人である故大曽根寛名誉教授が議論に加
わっていたため，三者の共著とした．

第2章

ドイツの
障害者雇用と福祉

高橋　賢司（Kenji TAKAHASHI）

1. 国連障害者権利条約

(1) ドイツの条約署名・批准とその後の経緯

2008年5月3日に国連障害者権利条約が発効し、国連総会は2006年12月13日に障害者の権利に関する国連条約とその選択議定書を採択した。ドイツ政府は2007年3月30日に条約と選択議定書に署名した。批准のための法律は、2008年12月に連邦議会と連邦参議院によって可決され、2009年3月26日に発効した。条約と選択議定書は2009年3月26日からドイツを拘束し、ドイツ法に組み込まれている。同条約批准後、新たに「連邦参加法」という法律が施行された。これにより、ドイツの障害者法制の中核である社会法典第9編も大幅に改正された。この改正は、国連障害者権利委員会からドイツ政府に対して出された「ドイツの第1次定期報告書に関する最終見解」に基づく勧告に対応したものである。この法律の制定と改正により、ドイツの障害者政策は国連障害者権利条約に基づいてさらに発展している。また、この過程では、連立協定の要件や連邦参政権に関するワーキンググループでの議論[1]も考慮されている。「より多くの参加を可能にさせ、自己決定をよりよいものにするという意味で、障害者の生活環境を改善させ、統合支援を近代的な参加法へとさらに発展させること」が特に念頭に置かれている[2]。

国連障害者権利条約の具現化として、作業所から一般労働市場への橋渡しを進めるために（具体的には、編入補助金の改革を通じて）、作業所での就労に代わる可能性を提供するため、2018年に連邦参加法が段階的に施行された。その中で、新たな補助金制度「ブジェー・フュア・アルバイト（Budget für Arbeit）」が導入された。この制度は、作業所に所属する障害のある人が企業に雇用された場合に、その人に対して賃金補助がなされるという、国の法律による仕組みである（本章2で詳述）。また、雇用率制度との関連で、障害の概念も再定義されている。特に感覚障害の概念が、国連障害者権利条約に沿って新たに導入された（本章2）。さらに、用語の見直しも行われた。これまで「統合」を意味していた「インテグレーション（Integration）」は、「インクルージョン

---

1) BT-Drucksache 18/9522.
2) BT-Drucksache 18/9522.

（Inklusion）」へと変更され，その結果，「統合企業（Integrationsunternehmen）」
は「インクルージョン企業（Inklusionsunternehmen）」となった[3]．

（2）条約の履行の状況

　ドイツでは，国連障害者権利条約が実施されているか否かの審査のためのモ
ニタリングが行われている．その役割として，ドイツ人権研究所（Das Deut-
sche Institut für Menschenrechte, DIMR）が障害者権利条約の第33条（2）に基づ
き，独立機関として指定されている．DIMRは条約の実施に関する勧告や提案，
また，問題提起を，連邦政府，連邦議会，その他の組織に行っている．

　条約の締約国における国連障害者権利条約（Convention on the Rights of Per-
sons with Disabilities, CRPD）の履行状況は，国連障害者の権利委員会によって
定期的にレビューされている．現在，委員会は12名の専門家で構成され，障
害者問題に精通した多様な背景を持つ人々（異なる国や宗教，女性や障害者
も含む）が参加している．締結国は，障害者権利条約の第35条に基づき，条
約の実施状況及び進捗に関する報告書を提出する義務がある．ドイツ政府は
2011年に第1次政府報告書を提出し[4]，2015年3月26日及び27日に開催された
第174回及び第175回会合において，同権利委員会がドイツの第1次政府報告
書を審議した．その結果，2015年4月13日の第194回会合で以下の最終見解が
採択された．

　労働と就労（第27条）に関する最終見解
「労働と就労（27条）
49．委員会は，次の事項に懸念を抱く．
　a）締約国の労働市場における分離
　b）障害者の主要な労働市場への参入または移行を妨げる，経済的なイン
　　　センティブの不足
　c）障害者のための隔離されたシェルター型作業所は，一般労働市場への
　　　移行を準備も促進もしない，という事実

3）日本語では，Inklusionsunternehmenは，直訳すれば，インテグレーション・エンタープラ
　イズとなりうるが，意味がとりづらいため，インクルージョン企業との訳とする．
4）https://www.reha-recht.de/fachbeitraege/beitrag/artikel/beitrag-d11-2020/?L=0&cHash=9541b5af9
　e47be141d3e428539983503

50. 委員会は，締約国に対し，適切な方法により条約に適合した包括的な
労働市場を効果的に創出するために，以下のことを行う．
条約を遵守した労働市場を実現するために
a）一般的意見第2号（2014）に基づくアクセスしやすい労働市場での雇
用の可能性の創出
特に障害のある女性に対して
b）直ちに実施可能な退出戦略とタイムテーブルならびに官公庁や民間
企業での雇用へのインセンティブを通じた，障害者のためのシェル
ター型作業所の段階的廃止．
c）現在，障害者のためのシェルター型作業所と結びついている，障害
者が社会的保護や老齢からの保護が減退しないことへの保障
d）一般的な労働市場での職場へのアクセスに関するデータを収集」．

また，ドイツ人権研究所は，次のように批判的な意見を表明していた．

障害者の就労や訓練支援は充実しているものの，労働市場は包括的でな
い．障害者が作業所や施設以外での就労に困難を感じているため，新政府に
は，学校生活から社会生活への移行を改善する必要がある．また，障害の有
無にかかわらず，若者に職業訓練の機会が与えられ，誰も排除されることな
く，職業選択の際に平等な機会が提供されるべきだ．さらに，研修の場や職
場はバリアフリーであるべきである[5]．しかしながら，就労年齢にある障害者
の半数以上が一般労働市場から排除されている[6]．「ブジェー・フュア・アルバ
イト（Budget für Arbeit）」の効果についてはどのような効果をもたらすか不明
であり，今後の評価が必要である．また，作業所の状況についても，委員会
が2015年に閉鎖を要求したにもかかわらず，依然として変化が見られず[7]，作
業所での工賃が平均200ユーロ以下である[8]．

---

5) Deutsches Institut für Menschenrechte, Umsetzung von der UN-Behindertenrechts Konvention, 2021, S.11.
6) Deutsches Institut für Menschenrechte, National CRPD Monitoring Mechanism, Pre-List of Issues on Germany, 2018, S.11.
7) Deutsches Institut für Menschenrechte, Pre-List of Issues on Germany, S.19.
8) Deutsches Institut für Menschenrechte, a.a.O., S.19.

国連専門家委員会は2013年に簡素化された報告手順を導入し，この手順に従って質問リストを作成し，ドイツに送付した．このリストの中で，連邦政府は，障害者が作業所から一般雇用に移行する際の情報を提供し，一般労働市場で障害者を雇用するためのインセンティブを労働者に与えるよう委員会は要請した．また，移行率に関する統計データの提出も求めている[9]．

その後，2019年7月17日に連邦内閣は，この質問リストに基づいて第2次及び第3次政府報告書を採択した．この報告書は2019年9月に拘束力のある英語版として委員会に提出された．

報告書によれば，「州の初期調査によると，2018年1月1日以降，特にブジェー・フュア・アルバイトを活用することで，約1,800人の従業員が作業所から一般労働市場に移行した」と報告されている．

2023年8月29日と30日，国連障害者権利委員会は，ジュネーブにおいて，ドイツにおける障害者権利条約の実施状況に関する公聴会を開催した．その後，同委員会は，2023年10月3日，ドイツにおける国連障害者権利条約のさらなる実施に向けた勧告を含む次のような「ドイツの第2・3次政府報告書に対する最終見解」を発表した．

委員会は次のように締約国に勧告する

61. 委員会は以下を懸念する．
    a）障害者，特に支援が必要な障害者における失業率の高さ，作業所における障害者の数の多さ，及び開かれた労働市場への移行率の低さについて
    b）職場のアクセシビリティと合理的配慮を保障し，障害者雇用率を守らなかった民間部門に責任を負わせる法的措置が不十分である
    c）差別と分離をなくし，障害者がいかなる強制も受けずに自由に職業プログラムを選択する平等な機会を確保するためのアクセシブルでインクルーシブな職業訓練施設および手続の欠如について．

そして，権利委員会の勧告を想起して，委員会は締約国に勧告する．

---

9) CRPD/C/DEU/QPR.R.2-3, Ziff. 28 e, die Arbeitsübersetzung des Bundesministeriums für Arbeit und Soziales（BMAS）ist abrufbar unter https://www.gemeinsam-einfach-machen.de/GEM/DE/AS/UN_BRK/Staatenpruefung/Zweite_Staatenpruefung/List_of_Issues.pdf?__blob=publicationFile&v=2 zuletzt abgerufen am 31.03.2020.

a）すべての州において，障害者団体と緊密に協議し，障害者団体の積極的な関与のもとで，適切な資源の配分と具体的な時間枠を定めた，作業所における障害者の開放的な労働市場への移行を促進するための行動計画を策定することについて

b）公的部門と民間部門の両方における障害者雇用率の履行の維持の実現について，とくに，現行の納付金よりも効果的な措置について，職場のバリアフリーと合理的配慮を確保することについて

c）職業訓練制度を再構築し，とくに，職業リハビリテーションや労働の分野における障害を理由とする差別的慣行を調査する苦情処理機構の設置などを通じて，バリアフリーと包括性を確保するための措置を講じることについて．

　元々の見解にあった「実施可能な段階的廃止」という言葉は，この最終見解ではみられない．代わりに，開放的な労働市場のための行動計画の策定が求められている．さらに，職業訓練制度がインクルーシブではないことが課題とされている．職業訓練制度は存在するものの，健常者と分離して行われることが多いためにこの問題が指摘されている．

2．一般就労

（1）雇用率制度と障害の概念

A．雇用率制度の歩み

　第一次世界大戦後のワイマール期，1920年，「重度負傷者の雇用に関する法律」において，使用者に，戦傷者及び労災負傷者の雇用が義務づけられた．また，重度負傷者を解雇する際には中央扶助機関の承認が必要とされた（重傷者雇用法第13条）．1923年には公的及び民間部門の使用者に，重度負傷者を2％雇用する義務が課された．また，重度負傷者の代表制度も形作られ，現行制度の基礎が形成された．

戦後，1953年，「重度負傷者法」により，重度負傷者の雇用義務が連邦レベルで規定された．公的機関，銀行，保険会社，建築金庫[10]には全雇用中10%の雇用義務が課され，他の公的機関でも，7人未満の労働者には1人の障害者の雇用が義務づけられ，7人以上の事業所には8%の雇用率が課された．この雇用義務を満たさない場合，50マルクの納付金を納入する義務も生じた．

　1974年，社会民主党と自由民主党が提案した「労働，職業，及び社会における重度障害者の編入を確保する法律」（BGBl.I 1005），いわゆる「重度障害者法」により，身体的，知的，または精神的な原因により稼得能力が50%以上減少した者が重度障害者とみなされることになった．また，16人以上の従業員を有する事業所に対し，6%の雇用率が規定された．さらに，1974年にはリハビリテーション調整法が施行された．

　1986年，「重度障害者法の改正に関する第一法」（BGBl.I 1110）により，納付金の額が月150マルクに引き上げられ，納付金の額は1990年にさらに200マルクに変更された．2000年には，「重度障害者の失業撲滅のための法律」（BGBl.I 1394）により，納付金の額が200マルクから500マルクに段階的に引き上げられた．また，労働能力の50%以上の減少という概念に代わり，「障害程度（Grade der Behinderung, GdB）」の概念が導入された．2001年には「重度障害者法」と「リハビリテーション調整法」が統合され，社会法典第9編に障害者雇用に関する規定が盛り込まれるようになった．2002年は，民間企業における雇用率が5%に引き下げられ，雇用義務が課される事業所の規模が20人以上とされた（BGBl. I 1394）．さらに，国連障害者権利条約の批准後，2016年以降，4段階にわたって社会法典第9編が改正された．そして2016年12月13日に施行された「連邦参加法」により，障害の概念が見直された．

B．障害者雇用における障害者の概念

　「障害のある人とは，身体的，精神的，知的，感覚的な障害を持つ者であり，その障害と態度や環境による障壁との相互作用により，6ヶ月を超える期間，高い蓋然性をもって平等な社会参加が妨げられる者をいう．身体的，健康的な状態が，その人の年齢に典型的な状態から逸脱している場合，第1文に

10）建築金庫とは，建設労働者のための休日・退職手当の基金のことをいう．

よる障害がある（…）」と規定する（社会法典第9編第2条第1項）[11].

　障害の程度は，最重度を100として，その間を10刻みした数値によって表され，50以上ある者が「重度障害者（Schwerbehinderte）」と定義されている（社会法典第9編2条2項）.

　また，障害の程度が30以上50未満で，その障害のために重度障害者と同等の扱いがなければ，適切な職場（就労ポスト）を得る，あるいは保持することができない者は，「重度障害者と同等の者（gleichgestellte behinderte Menschen）」と認定されうると規定されている（同条3項）[12].

　社会法典第9編及び一般平等取扱法では，障害の程度による保護に差を設けていない．そのため，障害の程度に関わらず，重度障害者や重度障害者と同等の者は，障害の概念に該当するすべてのケースが保護の対象となると解釈されている[13].　障害の概念には，身体的機能，知的能力，精神的健康が含まれ，医学的な視点から問われる．また，これに「社会生活への参加が阻害される」という要素が加わる．つまり，様々な「障壁との相互作用」により，「平等な社会参加が妨げられる」という社会参加への阻害も新たに要素として取り入れられている．

　立法理由によると，新しい障害の定義は，国連障害者権利条約の理解に対応している[14].　そこでは障害とは，個人とその物質的・社会的環境との相互作用が妨げられたり，未発達であったりすることによって生じるとされている[15].　また，構造的・技術的な障壁だけでなく，コミュニケーション上の障壁やその他の偏見も含まれる[16].　態度による障壁には，偏見や恐怖が含まれ，環境上の障壁には，公共交通機関や公共・民間建物のバリアフリー化が不十分であることなど，構造的な問題が挙げられる[17].

　さらに，「感覚障害」という概念も新たに導入され，これも障害者権利条約

---

11) 少なくとも障害の程度が50に達し，その者がその住居，慣習上の滞在（Aufenthalt），または156条の意味におけるそのポストでの雇用を，適法にこの法律の効力範囲に有する場合には，重度障害者とされる（社会法典第9編2条2項）.
12) これらの規定は，旧重度障害者法3条，旧リハビリテーション調整法（Rehabilitationsangleichungsgesetz）1条等を参照している.
13) 一般平等取扱法について，Rolfs/Giesen/Meßling/Udsching (Hrsg), BeckOK Arbeitsrecht, 68. Edition Stand: 01.06.2023 AGG §1 Ziel des Gesetzes, Rn.7 (Roloff).
14) BT-Drucksache 18/9522.
15) BT-Drucksache 18/9522.
16) BT-Drucksache 18/9522.
17) BT-Drucksache 18/9522.

第1条の規定に即応している．ただし，感覚障害への言及が障害概念の拡大につながるものではない．感覚障害は旧法でもすでに身体機能に包含されており，この改正は法的な明確性を高めるためのものであると説明されている[18]．

　障害者権利条約以前にも，世界保健機構（WHO）の国際障害分類（International Classification of Inpairments, Disabilities and Handicap, ICIDH）では，障害のレベルを，①機能障害（impairments），②能力障害（disabilities），③社会的不利（handicaps）の3つに分類していた．その後，ICIDHに代わり「機能不全，障害及び健康の国際的分類」（International Classification of Functioning, Disability and Health, ICF）が導入され[19]，障害の概念は単に機能の不全に焦点を当てるのではなく，社会参加を目的とするものへと変化した[20]．ドイツの障害概念もこれに対応している．

C．障害認定

　障害認定においては，命令（援護医療命令）が使用される[21]．

　雇用に関連して，障害の有無やその程度は，連邦援護法の実施管轄官庁（州等の援護局や援護医師（鑑定医））によって認定される[22]．一方，「重度障害と同等の者」の認定は，連邦雇用エージェンシー（Bundesagentur für Arbeit, BA）[23]によって行われる．

　障害の存在の有無と程度は，障害の存在と障害程度を示す医学的な文書から判定される．その手続は（2012年時点の調査では）次のようなものであった．

　援護局への申請にあたって，外部の医師の診断書，鑑定意見，関係の書類を提出する．これらには①機能障害，②疾病に関して所見を記載する．そのうえで，援護局に対し外部の医師が所見を提出することになる．そののち，州の局

---

18) BT-Drucksache 18/9522.
19) Dau/Düwell/Joussen (Hrsg.), SGB9, 3.Aufl., Baden-baden, 2011, §72, §2, Rn.11.
20) なお，年齢に応じて通常生じる機能障害は，障害とはみなされない．年齢を起因とする身体的な能力の減少がこれにあたる．例えば，心臓の能力範囲の一般的な減少，可動性の一般的な減少，性的な能力・性欲の減退等年齢に特有の視覚・聴覚の減退は，障害とはいわない（Dau/Düwell/Joussen, a.a.O., §2, Rn.10）．
21) Landesamt für Gesundheit und Soziales Berlin, Jahresbericht 2010, S. 69.
　　先行研究には，「ドイツの障害認定制度」障害者職業総合センター編『欧米諸国における障害認定制度』（2009年）23頁以下〔石川球子執筆〕等がある．大曽根寛・高橋賢司・引馬知子「障害をめぐるEUの政策と各国の相互作用に関する国際比較研究 - 社会的包摂に向けて」38頁以下（2015年））のうち，重要な部分を，要約したうえで改めて一部を紹介した．
22) Landesamt für Gesundheit und Soziales Berlin, Behinderung und Ausweis, Berlin, 2009, S. 35.
23) 日本でいえば，職業安定行政を担当するハローワークである．

第2章　ドイツの障害者雇用と福祉

内部の医師が（状況（歩行困難など）を確認等）鑑定意見を作成する（鑑定的な態度決定（gutachtliche Stellungsnahme）とも呼ばれる）．書類審査が中心である．2012年の鑑定医に対する調査では，面談・診察もあるし，疾病によっては，治癒の観察が必要とされる．

障害程度とは，身体的，知的あるいは，精神的な能力の欠如による影響の程度のことを指す[24]．

重度障害には障害程度は50が必要とされる．障害程度50以上の場合には重度障害者証明書が発行される．障害程度と根拠が援護局名で示される．

障害程度30及び40の場合には，証明書は発行されず，認定の通知がなされるのみである．20未満の場合，障害なしとされる．

重度障害者と重度障害者と同等の者には，雇用率の算定，解雇制限（重度障害者等を解雇にあたって統合局の同意を要する）の規定が適用されることになる．障害程度は上述したように，現在のところ，20から100まで10単位で認定される[25]．ほかに，「総合的な障害程度（Gesamt- GdB）」の判定方法がある[26]．

障害の認定は，単に機能不全（病名など）に基づくものではなく，社会生活への影響（歩行困難，座位作業困難など）も考慮される[27]．つまり，障害程度の概念はあらゆる生活領域への影響に関連し，労働能力のみに限られるものではない．例えば，ぜんそくの場合，調査によれば，機能障害に加えて，社会生活への影響（外出困難など）も考慮して判定されるという．

・ぜんそくに関しては，命令では，次のように規定される[28]．

---

24) Landesamt für Gesundheit und Soziales Berlin, Behinderung und Ausweis, Berlin, 2009, S. 35.
25) 障害程度の認定のほか，不利益軽減のため，標示記号（Merkzeichen）のスタンプが重度障害者証明書に押される．標示記号には，G（歩行障害），B（随伴者を要する），aG（著しい歩行障害），H（補助がない），RF（著しい聴覚障害ないし視覚障害，外出することができない），B（視覚不自由），Gl（聴覚不自由）があるが，同証明書に押される標示記号に応じて生活領域ないし職業領域での様々な優遇が受けられる（税優遇，駐車場代軽減，公共輸送無料化，介護扶助等）．障害程度認定の効果の面でも，参加への不利益軽減措置がとられていることになる．
26) 障害者職業総合センター編「欧米の障害者雇用法制及び施策の動向と課題」（2012年）28頁以下が詳しい（高橋賢司執筆部分）．
27) 援護局への障害者の申請により，障害認定手続が開始される．
援護局への申請にあたって，外部の医師の報告，鑑定意見，関係の書類を提出する．①機能障害，②疾病に関して所見を記載する．そのうえで，援護局に対し外部の医師が所見を提出することになる．
28) ドイツの障害認定については，障害者職業総合センター編「欧米の障害者雇用法制及び施策の動向と課題」（2012年）10頁，25頁以下（高橋賢司執筆部分）で以前に執筆したことがある．

17

過敏性が低い（まれな発作や季節的な発作，軽度の発作）… 0-20

中程度の過敏性（頻繁に発作が起こる，1か月に数回，または重度の発作）… 30-40

重度の過敏性（重度の発作が連続する）… 50

・統合失調症に関しては，命令では次のように規定される.

精神分裂症及び感情に関する精神障害 … 50

半年以上にわたる精神病の悪化に応じた職業及び社会適応能力の減少 … 50-100

この疾病では，以下のように社会的な調整能力（集中力障害，対人関係障害，生活力の喪失，感情の平板化など）に応じて，以下のような下位分類もある.

僅かな症状で社会適応性に問題がない場合 … 10-20

軽度の社会適応性の問題の存在 … 30-40

中等程度の社会適応性の問題の存在 … 50-70

重度の社会適応性の問題の存在 … 80-100[29]

　また，社会的な調整の困難さとは，生活領域（通常の幼稚園や学校，一般的な労働市場，公的生活，家族生活）において，統合のために編入扶助のような特別な支援が必要な場合，または当事者が年齢に見合わない程度の配慮を要する場合である.

　このように，疾病によっては，障害の基準自体に，医学的な要素のみならず，社会生活と関わる要素が含まれることがある.

　バイエルン州中部フランケン地方を例に取ると，重度障害の申請は19,044件であった. 州の健康局には専門の異なる4人の医師がいる. 障害の程度の内

---

29) 統合失調症については，社会的な困難さが規定されており，以下のように，軽度・中程度・重度に分類される.
　軽度の社会的調整の困難さ：例えば，コンタクト（人間関係）の弱体化や活力の喪失があるものの，一般的な労働市場で職業生活が重大な役割や役職（特別な職業，教師，経営者など）以外で可能. 家族や友人関係に重大な問題（疾病による婚姻上の問題など）はないが，支援が必要.
　中程度の社会的調整の困難さ：多くの職業において，職業活動が可能だが，労働能力の減少を前提とする精神的な変調があり，職業上の危険を伴う. コンタクトの喪失や感情の平板化により家族に著しい問題がある. 完全に孤立しているわけではないが，かつての健全な結婚生活が危険にさらされることもある. 包括的な支援が必要.
　重度の社会的調整の困難さ：職業活動が著しく危険にさらされるか，または不可能. 家族や友人との関係で重度の問題が生じ，別離に至ることもある. 生活領域での統合は，包括的な支援をもってしても不可能.

第2章 ドイツの障害者雇用と福祉

訳は次のとおりである.

- ・50-100 9295件 (48.8%)
- ・30-40 5590件 (29.3%)
- ・20 2582件 (13.6%)
- ・棄却 (認定なし) 1577件 (8.3%)

ベルリン州の例では,2010年には583,523件の申請があり,増加傾向にある.また,同州では,健康局の医師28人がいた.

障害者の民間企業での採用にあたって,援護局などの官庁が障害者を企業に振り分けることはない.企業は,障害程度を助成金や雇用率の観点から考慮するが,採用にあたっては職業能力や人格が重要視される.採用段階では,企業は障害者が何をできるか,どのような能力を持っているかを重視するのが人事実務であるとされている.

D.雇用率制度とその実際

171,600の民間企業と,行政機関に障害者の雇用義務がある[30].課せられる雇用率は,民間部門・公的部門ともに5%とされている.雇用率の対象となる事業所は従業員数20名以上の企業及び公的な部門である(社会法典第9編154条1項)[31].

重度の障害を持つ女性には,特別な考慮を払う必要がある.例外的に,月平均40名未満のポストを有する使用者は年平均1人の,そして,月平均60名未満のポストを有する使用者は年平均2人の重度障害者を,それぞれ雇用する義務がある.

雇用エージェンシーは,重度障害者,特に社会法典第9編155条第1項で規定される重度の障害者が,労働生活への参加が困難な場合,最大で3人分,あるいは少なくとも1人分以上の重度障害者の加算を許可することができる(社会法典第9巻159条1項1文).

週18時間以上働くパートタイマーも雇用率の算出に含めることができる

---

30) BIH Jahresbericht, 2020/2021, S. 61.
31) 従来の雇用率制度の研究には,例えば,日本障害者雇用促進協会・障害者職業総合センター編『諸外国における障害者雇用対策』(2001年) 22頁以下(ドイツは,春見静子執筆),障害者職業総合センター編『欧米の障害者雇用法制及び施策の現状』(2011年) 54頁以下(ドイツ,高橋賢司執筆),松井亮輔・岩田克彦編『障害者の福祉的就労の現状と展望』中央法規(2011年) 40頁(渡辺絹子執筆部分)等がある.

19

（社会法典第9編158条2項）．

納付金制度[32]があり，州の統合局が雇用率の達成状況に基づき，企業から納付金を徴収する．法定雇用率を満たしていない企業は納付金を支払う義務があり，その額は雇用率に応じて異なる．2025年時点では，具体的には，雇用率が3％から5％未満の場合は月155ユーロ，2％から3％の場合は月275ユーロ，0％から2％の場合は月405ユーロ，0％の場合は815ユーロである[33]．

中小企業の場合，平均して年間40人未満の企業では，雇用率を満たさない場合，155ユーロを支払う義務を課す．また，平均して年間60人未満の企業では，2つの義務的ポストを充足しなければならない．これを満たさない場合，1つ未満であれば155ユーロ，2つ未満であれば275ユーロを支払う義務を課す．年間を通じて障害者を雇用していない場合は465ユーロを支払う．

雇用義務がある使用者は，障害者のための作業所へ注文を行うことで，納付金の全部または一部を免除されることがある．発注額の50％分は，納付金と相殺される（社会法典第9編223条）．この50％という割合は，現行法で定められている．

さらに，社会法典第9編34条は，訓練助成金，統合助成金（賃金補助），技術的補助（リハビリ機関の支援）などを定めている．

実雇用率は，全体で4.6％，民間部門で4.1％，行政機関では6.3％である（2019年）[34]．民間部門や行政機関で勤務していない人を含め790万人が障害者とされており[35]，一般就労されている障害者の71％は民間企業で，29％は行政機関で働いている[36]．民間企業171,600のうちの132,200の企業は法定の5％の雇用率を満たしておらず[37]，43,700の企業は全く重度障害者を雇用していない[38]．一方で，39,400の民間企業が5％以上の雇用率で重度障害者を雇用している[39]．

雇用されているのは，これらのうち，重度障害者907,057人と重度障害者と

32）制度の運営主体は，州統合局（社会法典第9編102条1項1文），（納付金基金との関係では）連邦労働社会大臣である．
33）従来は，3％から5％までの雇用率で月140ユーロ，2％から3％までの雇用率で月245ユーロ，0から2％までの雇用率で月360ユーロ，0％の場合720ユーロであった．
34）BIH, Jahresbericht, 2020/2021, S. 61.
35）BIH, Jahresbericht, 2020/2021, S. 59.
36）BIH, Jahresbericht, 2020/2021, S. 61.
37）BIH, Jahresbericht, 2020/2021, S. 61.
38）BIH, Jahresbericht, 2020/2021, S. 61.
39）BIH, Jahresbericht, 2020/2021, S. 61.

同等の者196,732人である[40]．2020年には17万人の重度障害者が失業を申請しており[41]，そのうち37,000人は3か月以内に再就職している[42]．7万人は3か月以上12か月以内の失業期間を経て再就職しており[43]，7万人は12か月を超える失業期間にある[44]．

（2）納付金制度の運用
Ａ．納付金制度の運用

　雇用率を達成しない企業から徴収された納付金を原資として，給付金制度が運営されている[45]．まず，以下の労働者及び使用者に対して給付金が支給される．どの範囲で給付が得られるかについては，重度障害者納付金支出規則第14条第1項第2号及び第17条以下に規定されている．納付金は州の統合局によって，さまざまな給付に充てられる．

　特に「随伴的給付」は，障害者が障害者の能力と知識に相当しそれを発展し得る職場のポストで使用され，その社会的地位が損なわれることがないようにする（社会法典第9編185条第2項）ことを目的としている．統合局は，職業的能力を向上させるための促進措置に対する金銭的支援を行う．これらの支援は，障害者権利条約で定められた「合理的な配慮」にあたり，使用者は障害者に対してその配慮義務を負う．

　しかし，その際，国（法律を通じて）ないし州（法律に基づく州の給付を通じて）が，障害者の雇用を保護，促進する．なぜ，国ないし州が法律を通じて障害者を雇用する使用者または障害者に支援を行うかであるが，障害者は障害を理由として，適職を探すのが困難であったり，職務を行うのが部分的に困難であったり，通勤が困難になったりする．場合によっては，職務を行うことに随伴するトイレ等の行為が困難な場合もある．障害がなければ，そのような

40）BIH, Jahresbericht, 2020/2021, S. 60. 2012年で重度障害のある就業者は，96万4650人である．このうち6,500人は教育訓練生である（BIH, Jahresbericht, 2013/2014, S. 16.）．14,031人がダブルカウントで計算されている．
41）BIH, Jahresbericht, 2020/2021, S. 62.
42）BIH, Jahresbericht, 2020/2021, S. 62.
43）BIH, Jahresbericht, 2020/2021, S. 62.
44）BIH, Jahresbericht, 2020/2021, S. 62.
45）ただし，新型コロナパンデミックのため，週の統合局は，2020年と2021年は，納付金収入のうち10％を他の手段に用いたとされる（BIH, Jahresbericht, 2020/2021, S. 15）．同じ理由で，連邦労働社会省は，基金のうち半分を，作業所の強化のために放棄したとされる（BIH, Jahresbericht, 2020/2021, S. 15）．

21

困難がないまたは少ないというような場合，障害者が障害を理由としてその分不利を受けていることになる．その不利を，配慮を行う使用者のみならず，給付金を支給する公的機関が補填する意味を持つ．

　障害者の雇用に関しては，使用者や同僚との連携が求められる．社会福祉的な支援を通じて，障害者が職業生活に参加し，その能力を発揮できる環境を整える必要がある．使用者は，障害者が働き続けられるようにするため，またはその稼得能力を維持・向上させるために必要なサービスに対して給付金を受け取ることができる．具体的な支援には，随伴者の配置，心理セラピストの派遣などが含まれる[46]．

　これらの給付金には，障害者本人に対するものと，使用者に対するものの2種類がある．

B．障害者に対する給付金

（a）ジョブ・アシスタント（社会法典第9編185条第5項）

　障害者に対する重要な給付の1つに，納付金を財源とした「ジョブ・アシスタント」の利用がある（社会法典第9編185条第5項）．2000年10月1日に施行された重度障害者の失業撲滅のための法律により，ジョブ・アシスタントを利用する権利が認められた．ジョブ・アシスタントの具体例としては，視覚障害者のための朗読支援や，必要に応じたトイレの介助などがある．トイレ介助に関しては「私的な行為であり補助すべきか否か」という議論もあるが，トイレに行くことは職務に伴うものとされ，補助の対象となっている．2020年には約3,570人がジョブ・アシスタントの給付を受け[47]，その総支出額は約3,900万ユーロに達した．必要である限り，ジョブ・アシスタントをつける義務を使用者は負う．肢体障害者，視覚障害者，聴覚障害者（重度の人も含む）が頻繁にこれらの給付を受ける．

（b）重度障害者の障害に適した職場整備

　障害者は職務に従事する際，技術的な支援を受けることができる．作業用補助具の調達，その維持，修理，使用，訓練にかかる費用は，全額を上限として補償される（重度障害者納付金支出規則第19条）．この支援は，作業環境の設

---

46) Kossens/ von der Heide/ Maaß (Hrsg.), SGB9, 5.Aufl., München,2023, §72 Rn.12.
47) BIH, Jahresbericht, 2020/2021, S. 24.

備改善や追加機器の購入も対象である．2020年には，1,810人の重度障害者が個別の技術支援を受け[48]，多くの職場が人間工学に基づき，より障害に適した設備に改善された．2020年の技術的な補助器具の支出額は540万ユーロを超えた．

（c）雇用創出のための給付金

使用者は，新たに適切なポストを創出したり，障害に適した職場環境を整えるために発生する費用について，全額までの貸付金または給付金を受け取ることができる（重度障害者納付金支出規則第15条）．また，統合局の技術部門が必要な装備に関する助言を行い，意見書を作成し，技術的にサポートする[49]．

（d）その他の障害者本人に対する給付

その他の障害者に対する給付として以下のようなものがある（表1）．

表1 「その他の障害者に対する給付」

給付名	要件・給付内容	給付例
職場に到達するまでの給付（重度障害者納付金支出規則20条）	自動車購入，障害者用追加装備，運転免許取得のための給付[50]．たとえばザクセン・アンハルト州では，自動車補助は，重度障害者がこの手段によってのみ職業生活に持続的に参加できる場合に支給される[51]．一時的な自動車の使用では補助の対象とはならず，また，費用負担を使用者に求められない，または期待できない場合に限られる．さらに，重度障害者本人に代わって第三者が自動車を運転することも許されている．	2020年 給付例693 支出額 約430万€[52, 53]
自営業の職業上の存立の確立と維持のための支援	重度障害者は，まずその業務を行うために必要な人的及び専門的な前提条件を備えていること，次にその業務を行うことで継続的かつ本質的に生計を立てる見込みがあること，さらに労働市場の状況や発展を考慮した上で，その業務が相当なものであることが求められる（重度障害者納付金支出規則21条）．	2020年 給付例78人 支出額 約52万€[54, 55]
障害者に適した住まいの取得，設備，維持のための支援	重度障害者納付金支出規則第22条によれば，重度障害者は，障害に適した住居の取得，設備，維持のための支援として，補助金，利子補給，融資などの給付を受けることができる．具体的には，以下のような目的に対して支援が提供される．	2020年 給付例95 支出額

48）BIH, Jahresbericht, 2020/2021, S. 24.
49）BIH. Handbuch für die betriebliche Praxis, S.250.
50）https://lvwa.sachsen-anhalt.de/das-lvwa/integrationsamt/aufgaben-leistungen/begleitende-hilfe/leistungen-an-schwerbehinderte-menschen/
51）https://lvwa.sachsen-anhalt.de/das-lvwa/integrationsamt/aufgaben-leistungen/begleitende-hilfe/leistungen-an-schwerbehinderte-menschen/
52）BIH, Jahresbericht, 2020/2021, S. 24.
53）BIH, Jahresbericht, 2020/2021, S. 24.
54）BIH, Jahresbericht, 2020/2021, S. 24.
55）BIH, Jahresbericht, 2020/2021, S. 24.

	・障害者に適した住宅を取得するため. ・障害者のニーズに合った生活空間や家具を整えるため. ・障害者に適した,または職場により便利な場所にある宿泊施設に引っ越すため.	約32万€[56]
再教育	重度障害者納付金支出規則第23条によれば,重度障害者は社内外での教育に参加する際に発生する費用について,以下のような条件で補助を受けることができる. ・その訓練が,職業知識や技能の維持・向上,または技術的発展への適応に適していること. ・その訓練が職業的なキャリアに役立つものであること.	
随伴的補助	連邦雇用庁や他のリハビリテーション提供者と緊密に連携して,労働生活に対して随伴的な支援が提供される.この補助または使用者の講じる措置によって,障害者が社会的地位を低下させることなく,職場で技術や知識を十分に活用・発展させ,非障害者との競争においてもこれらを発揮できるようにすることが目的である(社会法典第9編185条2項).ソーシャルワーカーや心理カウンセラーによる心理面のサポートも含まれる[57].	

(e) 統合給付金(**Eingliederungszuschuss**)

統合給付金は,失業保険などを扱う雇用エージェンシーの給付制度に含まれる.失業者にも類似の給付が存在するが,障害者には特別な給付金制度が設けられている.障害者が労働市場において支援を必要とする場合,その斡旋が個々の事情により困難である場合には,減少給付(Minderleistung)の調整として労働の対価に対する補助金を受けることができる.

支援の額と期間は,労働者の労務提供の制約の程度や,その都度の職場の要請に基づいて決定される.重度障害者も含め,補助金は給与の最大70%まで支給され,補助期間は最大で24か月である.ただし,50歳以上の障害者には36か月まで提供される(社会法典第3編90条1項).特に就職が困難な重度障害者については,補助期間は最大60か月である.55歳以上重度障害者には,助成期間が最大96か月に延長されることがある(社会法典第3編90条2項).

12か月が経過すると,統合扶助の額は毎年10%ずつ減額されるが,報酬の30%を下回ってはならないとされている.重度障害者に対しては,24か月が経過するまで減額は行われない(社会法典第3編90条4項).

2012年の時点で,ベルリン州の例では,障害者がどの程度労務の提供に制限があるかを測ることなく,給付金が支給される.例えば,最初の2年間は使

---

56) BIH, Jahresbericht, 2020/2021, S. 24.
57) Kossens/ von der Heide/Maaß (Hrsg.), a.a.O., Rn.12.

用者が支払う給与の75%が賃金費用補助として一律支給され，3年目と4年目には，この補助は70%に減額される．5年目以降は，雇用関係が続く限り，賃金補助は一律60%が支払われる．

（f）パーソナルアシスタント

州，年金金庫，介護金庫等が支出して，障害者の介助（職場を含む）が可能である。病院付添，自宅でのケア，職場での介助等に用いられる．

C．労働者及び使用者に対する給付

ブジェー・フュア・アルバイト（Budget für Arbeit）がある．直訳すると「仕事のための予算」であり，国連障害者権利条約の具体化を目的として，2018年に導入された新しい助成金制度である．統合扶助の一環として提供されており，社会法典第9巻第61条に基づき，給付される[58]．この制度は，障害者が従来の作業所から一般労働市場への移行を促進し，一般企業で雇用された場合に，賃金補助が障害者又は使用者に支給される．

賃金補助は支援期間中，賃金の最大75%が補助される．職場での指導・支援費用は，障害のために必要な職場での指導や支援にかかる費用が補助される．

例えばニーダーザクセン州では82の作業所があり[59]，約34,059人の障害者が作業所で働いている[60]．そのうち116件がブジェー・フュア・アルバイトによる支援を受け，このうち25件は公的な使用者であった[61]．コロナ渦において159人の障害者が作業所から一般労働市場へ移行し，そのうち年133人がこの制度を利用している[62]．

D．使用者に対する給付

（a）補助的の労働力

統合局は，障害者の雇用を支援するため，補助的な労働力を企業に提供する．これには，障害者を支援するための随伴者，視覚障害者向けの特別な補

58）または，パーソナル・バジェットとして支給されるという説明もある（https://www.ms.niedersachsen.de/startseite/soziales_inklusion/inklusionvon_menschen_mit_behinderungen/budget_fur_arbeit/budget-fuer-arbeit-166781.html）.

59）Bundes Argentur für Arbeit, Budget für Arbeit Hannover（2022）.

60）Bundes Argentur für Arbeit, Budget für Arbeit Hannover（2022）.

61）Bundes Argentur für Arbeit, Budget für Arbeit Hannover（2022）.

62）Bundes Argentur für Arbeit, Budget für Arbeit Hannover（2022）.

助，聴覚障害者のための手話通訳，心理セラピストなどが含まれる．企業に対しては，納付金を財源とした補助的な労働力への支援が行われる（社会法典第9編185条3項）．

(b) 特別な負担に対する給付（**Aussergewöhnliche Aufwendungen**）

障害者を雇用し，事業所における労務の提供が減少する（減少給付（Minderleistung）という）場合（社会法典第9編185条3項2号e）の給付金である．障害者には，その障害のために同僚の助けが必要になる場合がある．その結果，彼ら同僚に対する本来労務の提供が減少したときの補填のための給付金（社会法典第9編185条3項2号e）が，この「特別な負担に対する給付」（Minderleistung）である[63]．また，視覚障害者のための朗読者や補助的な労働力に対しても，給付される．「減少」は，障害のない人の本来の労務量の約30％に該当する[64]．つまり，障害者を雇うことで作業効率が低下する事態を防ぐための金銭的な補填であり，またそうすることで障害者の雇用を維持しようとする制度である．統合局の技術スタッフが作業を観察して労務減少を評価する．給付例は約41,584件あり，総額1億7,351万ユーロが支出されている[65]．この給付は，統合局全体の支出の36％を占める．

(c) 障害者に適した職場の装備

障害者に適した職場の形成（装備）のために，社会法典第9編185条3項2号aに基づき，使用者に対して給付金が支払われる（重度障害者納付金支出規則26条1項1号）．この給付金は，事業所の施設，機械及び装置などに関連する費用を含む．また，労働環境や就業場所の形成，さらには追加的な器具購入のための費用もこの範囲に含まれる．2020年には，2億1200万ユーロが支出され，約8,200のポストが（解雇等されずに）維持され，1,050万ユーロ支出された．約1,500のポストが新たに作られ，維持された[66]．

(d) 事業内編入のためのマネージメント（**Betriebliche Eingliederungsmanagement, BEM**）（**社会法典167条2項1文**）

従業員が1年以内に6週間を超えて連続または反復して就労不能に陥った場合，使用者は，社会法典第9編167条の規定に従って，責任ある代表機関，ま

---

63) Kossens/von der Heide/Maaß (Hrsg.), a.a.O., §185, Rn.19.
64) Kossens/von der Heide/Maaß (Hrsg.), a.a.O., §185, Rn.19.
65) BIH, Jahresbericht, 2020/2021, S.19.
66) BIH, Jahresbericht, 2020/2021, S.19.

た従業員が重度障害者の場合は重度障害者代表機関を，本人の同意と関与のもと，BEMに参加させなければならない．この手続は，どのようなサービスや支援によって就労不能の再発を防ぎ，仕事を維持できるかを明らかにすることが目的である．また従業員は，自分で選んだカウンセラーや，事業所の医師に相談することができる．さらに，重度障害者の雇用が危うくなった場合，使用者は対策を講じる義務がある．使用者は，労働契約を維持するために，できる限り早い段階で重度障害者代表，事業所協議会，人事協議会，統合局と連携し，利用可能なあらゆる支援を活用しなければならない．2020年には，5,152件の予防措置が取られた．これらのうち，59%が広範なカウンセリングの実施によって予防が成功した[67]．15%は，仕事を維持するために随伴的支援が提供された[68]．使用者が解雇の承認を申請したケースは全体の24%にとどまった[69]．8万ユーロが支出された[70]．

マインツ市の例を挙げると，長期的なうつで職場を離れていた女性公務員の復職のためにBEM手続が取られた．この際，ハンブルクの専門家が作成した段階的復帰プログラムを参考にして，市と人事協議会が協力し，復職支援のための協定を締結した．これにより，女性は計画的に職場へ復帰することができた．

BEMは，障害者が安心して働ける環境を提供し，彼らの雇用の安定と持続を目指す重要な制度である．この制度を通じて，障害者の雇用率向上と，職場での平等な参加が促進されている．

さらに，下のような使用者に対する重要な給付金（助成）も存在する（表2）．

表2　使用者に対する重要な給付金

助成（給付金）	内容	実績
パートタイム就労設置	使用者は，障害の内容や程度に応じて，週18時間未満，15時間以上のパートタイム雇用が必要な場合，重度の障害者に対してパートタイム雇用の設定が必要な場合，融資または給付金を求めることができる（重度障害者納付金支出規則26条1項2号）．	

---

67) BIH, Jahresbericht, 2020/2021, S.29.
68) BIH, Jahresbericht, 2020/2021, S.29.
69) BIH, Jahresbericht, 2020/2021, S.29.
70) BIH, Jahresbericht, 2020/2021, S.19.

補助的な労働力	職業生活に参加するため，障害者又は障害者の能力に応じた収入能力の維持，向上，確立又は回復並びに長期的職業生活への参加を可能な限り確保するために必要なサービスが提供され（社会法典第9編49条1項），使用者は給付金を得る．障害者のための随伴者，視覚障害者のための特別な補助や，聴覚障害者のための手話通訳，心理セラピスト等がある[71]．	2020年 支出額約5600万€ （総支出額のほぼ10％）
職場と教育訓練の創出	事業所または就労場所において，新たな適切な職場の創出や，必要に応じて障害に応じたポスト創出のために生じた必要な費用を支出することが求められる．また，これに関連する満額までの融資または給付金が支給される（重度障害者納付金支出規則26条1項3号[72]）．	2020年，約8,200の既存の仕事は，障害者のニーズを満たすために設備が整備され，維持された．また，使用者に対する1,054万ユーロの助成金と融資により，1,469の新規雇用及び教育訓練ポストが創出された．
職業訓練のための特別な報酬と給付金（Prämien und Zuschüsse Berufsausbildung）	障害のある年少者及び若年成年者の職業訓練に対する費用の支援（社会法典第9編185条第3項第2号c）である．	2020年には，419件の給付例，87万ユーロの支出があった[73]．

　統合局は，納付金などを財源として，以上のような給付を行っている．全体としては，以下のような状況である．

　2020年には，全体の収入は6億9,700万ユーロであった[74]．時系列で見ると，次のような推移が確認できる．

　重度障害者の採用促進のための労働市場プログラムでは，4,893万ユーロ（2018年），5,028万ユーロ（2019年），4,208万ユーロ（2020年）が支出されている[75]．

　重度障害者に対する給付（アシスタントを含む）は，5,539万ユーロ（2018年），5,740万ユーロ（2019年），5,659万ユーロ（2020年）の支出であった[76]．

　使用者に対する給付全体では，2億852万ユーロ（2018年），2億1,803万ユーロ（2019年），2億1,253万ユーロ（2020年）にのぼる[77]．統合局全体では，使用者に対する給付が割合として最も高い．

　後に述べるインクルージョン企業に対する給付は，9,399万ユーロ（2018

---

71) Kossens/ von der Heide/ Maaß (Hrsg.), a.a.O., §72, Rn.5.
72) 州の技術局による無償の支援がなされ，障害に応じた職場の形成や労働環境の改善のため，意見書が同局から作成される．
73) BIH, Jahresbericht, 2020/2021, S. 19.
74) BIH, Jahresbericht, 2020/2021, S. 15.
75) BIH, Jahresbericht, 2020/2021, S. 18.
76) BIH, Jahresbericht, 2020/2021, S. 18.
77) BIH, Jahresbericht, 2020/2021, S. 18.

年），1億201万ユーロ（2019年），1億1,834万ユーロ（2020年）となっている[78]（インクルージョン企業についての説明は以下の第4節を参照のこと）.

同じく後述する就業支援業者・員（Integrationsfachdienst）という相談・あっせん業務の委託業者への給付が，9,480万ユーロ（2018年），9,429万ユーロ（2019年），1億7万ユーロ（2020年）である[79]（就業支援業者・員についても，同じく以下の第4節を参照）.

（3）解雇の手続

A．解雇の特別手続とその実際

社会法典第9編168条には，障害者に対する解雇について，「使用者による重度障害者の労働契約関係の解約（解雇）は，統合局の事前の承認を要する.」という，通常の解雇手続とは異なる特別な手続が規定されている[80].

また，同法典170条では，申立ての手続が定められている.

1．使用者は，解雇の承認を，事業所の所在地または勤務場所を管轄する統合局に対し，書面または電子的に申請しなければならない．（以下略）

2．統合局は，事業所協議会，人事委員会，重度障害者代表の意見を得た上で，重度障害者に聴聞を行う.

3．統合局は，手続のあらゆる状況おいて，金銭解決の合意に関与することができる.

表3は，2021年のドイツ全体での障害者の解雇数に対して統合局の承認によって労働契約（職場のポスト）が維持されたかどうかについてである[81].

表3　障害者の解雇数とその結果

	通常解雇	即時解雇	変更解約告知	その他の形態の終了	全ての手続
労働契約関係の維持	3,235	818	684	89	4,826
労働契約関係の終了	15,583	2,709	72	174	18,538
総数	19,356	3,635	768	312	24,071

---

78) BIH, Jahresbericht, 2020/2021, S. 18.
79) BIH, Jahresbericht, 2020/2021, S. 18.
80) これについては，小西啓文「障害者雇用について規定する重度障害者法における即時解約告知の効力」労働法律旬報1680号（2008年）24頁がある.
81) BIH, Jahresbericht, 2020/2021, S.31.

統合局による解雇への不承認が，労働契約関係の維持につながるケースは，通常解雇の場合で，全19,356件中3,235件にすぎない．一方，統合局による解雇の承認が労働契約関係の終了につながるケースの方が多い．当時，統合局が解雇の申立てに対し労働契約関係の維持を認めた割合は，通常解雇の中でわずか16％だったことになる．ヘッセン州の統合局によると，会社の物を障害者が窃取したときなどは，解雇が承認されざるを得ないとされる．しかし，特別手続の補助が効果的に活用されれば，労働契約関係の維持に役立つはずである．これに対して，特別保護手続は，むしろ厳格すぎる解雇手続が障害者の採用を妨げる原因となるとの批判もある．

B．同意による解決

統合局は，中立的な斡旋の役割を果たしている．2013年には，全ての解雇手続のうち4分の3にあたる事例が途中で終結した．また，解雇の申立てが撤回されたり，解消のための契約（合意解約）が締結された例もある[82]．

3. 作業所での就労

（1）ドイツにおける福祉就労

障害者の作業所は，労働生活への参加を可能にする施設であり，福祉的就労施設である[83]．作業所は，障害者の労働生活への参加及び労働市場への統合を支援する機関であり，障害の性質や重度により，一般労働市場で雇用されない，または雇用が困難な障害者を対象としている．また，次のような役割も果たす．

1．適切な職業訓練を提供し，業績に見合った賃金での雇用を行う．
2．業績または稼得能力の維持，発展，増加または回復を支援し，その過程で人格の発展を促す．

82）BIH, Jahresbericht, 2013/2014, S.47.
83）先行研究は多くあるが，例えば，障害者職業総合センター編『欧米の障害者雇用法制及び施策の現状』（2011 年）57 頁（福島豪執筆）がある．

さらに，適切な措置により，障害者が一般労働市場に移行することを促進することも目的としている（社会法典第9編219条）．

国連障害者権利条約の権利委員会が発表したドイツの第1次政府報告書に関する最終見解では，障害者のための隔離されたシェルター型作業所は，一般労働市場への移行を準備も促進もしないと評価されている．その上で，委員会は，次のような勧告を行った．

締約国に対し，適切な方法により条約に適合した包括的な労働市場を効果的に創出するため，以下の事項を実施すること．条約に準拠した労働市場の実現に向けて（略）(b) 障害者のためのシェルター型作業所の段階的廃止に向けた戦略とタイムテーブルを直ちに策定し，官公庁や民間企業への雇用促進のためのインセンティブを提供すること．

しかしながら，現在のところドイツの作業所（福祉的な就労施設）は存続している．作業所は，一般労働市場で障害の種類または重度を理由に雇用されない人に対して就労の機会を提供するという建前になっている．社会法典第9編219条2項では，

障害者が，職業訓練領域での措置に参加したのち，最低限の経済的価値を持つ労務を提供できることが期待される限りは，障害の種類や重度にかかわらず，すべての障害者に開かれている．ただし，以下の場合にはこの限りではない．
- 障害に適した世話を行ったにもかかわらず，著しい自己加害または他者加害が予想される場合
- 必要な世話や介護の程度が，職業訓練領域への参加を許さない場合
- その他の事情により，労働領域において経済的に価値のある労務を継続的に提供できない場合

と規定されている．また，2018年の社会法典第9編の改正により，新たに第3項が挿入され，作業所以外でのケアが保障されている．作業所での雇用条件を満たさない障害者は，作業所と提携している施設や団体でケアやサポートを受

けることができる．ケアとサポートは，作業所の従業員にも提供することもできる．障害者の雇用を促す必要なプログラムだといえる．

マインツにある作業所には，デイケア施設が併設されており，作業に耐えられない重度の障害者に対して居場所を提供していた．筆者の調査中，障害のある人々はケア従事者とゆっくり食事をとったり，庭や廊下で歓談したりしている様子が見られた．また，プラネタリウムのような空間も併設されており，そこでは部屋全体を暗くすることができる設備が整っていた．

(2) 作業所の障害者の地位と入所手続

作業所に所属する障害者は「労働者」には該当しないとされている．彼らは「労働者に類似する者」と位置づけられており（社会法典第9編221条第1項），この定義は1996年の社会法典第9編の改正により現行の条文に位置づけられた．労働者類似の者には，労働裁判所法や連邦休暇法が適用されるが，すべての労働法が適用されるわけではなく，部分的な適用に留まる．

また訓練期間中は，連邦雇用エージェンシーから訓練手当（Ausbildungsgeld）が支給される場合がある．その額は法律で特別に定められているわけではない．

作業所[84]では，障害者は法律に基づき，まず作業所あるいは職業訓練領域に入所する手続を経ることになっている．2024年には職業訓練手当として月額133ユーロが支給され，この額は増額できる．さらに，就労促進手当として月額52ユーロが支払われる．この額は，一般の職業訓練領域における訓練手当の増額に応じて調整され，割増も加えられることがある．

作業所への入所は，作業所内に設置された専門委員会（Fachausschuss）によって審査される．この委員会は，作業所の代表者，連邦雇用エージェンシーの代表者，広域社会的扶助機関の代表者から構成される（作業所令第2条）．たとえば，マインツ市の作業所では，専門委員会が障害者の自己加害や他者加害の可能性や，経済的に最低限の価値のある労務提供の可能性を審査

---

[84] 従来の作業所の研究については，例えば，障害者職業総合センター編『欧米の障害者雇用法制及び施策の現状』（2011年）57頁以下（ドイツは，福島豪執筆）．この部分の記述は，高橋賢司「ドイツの作業所や障害のある人の所得保障について」TOMO（2023年7月号）に記載したことがある．作業所協議会，最近のドイツでの調査（2024年）などを加筆して記述している．

している．支援学校や特別学校の学生にはインターン制度が実施され，就労能力を大まかに評価し，経済的に有用な労務提供の可能性を測定するという．その後，作業が可能かどうかを所長らが判断した上で，作業所への入所か，あるいはデイケアセンターに入るかを決定する．マインツの他の作業所「gpe」では，専門委員会が自己加害や他者加害の可能性に特に注目せず，親などからの要請があれば障害のある人を作業所に受け入れるケースも多い．

　ミュンヘン市にある障害者作業所（Integrierte Werkstatt für Menschen mit Behinderung, IWL）「イヴェントカジノ」では，年齢制限18～65歳で，公共交通機関を利用して自立移動が可能であることが入所の条件とされている．採用の可否は，事前の情報提供と面接で審査される．入職手続や職業訓練分野，作業分野への適性や傾向のほか，キャリアや個人の興味も考慮される．この作業所では主に精神・知的障害者が就労しており，そのうち80％が統合失調症を抱えている．提供される業務内容は，調理，ケータリングサービス，ハウスキーピング，産業機械の組み立て，オフィスの電気システム管理，物流（倉庫管理），工芸，製本，大工，園芸，造園等である．図1と図2はそれぞれ，「イヴェントカジノ」事務所及び「イヴェントカジノ」組立の工場である．

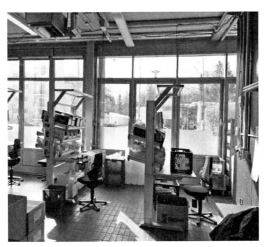

図1　「イヴェントカジノ」事務所

(筆者撮影)

図2「イヴェントカジノ」組立の工場

(筆者撮影)

ドイツ全体では，2000年には316,125人の障害者が作業所で就労していた[85]．このうち，職業訓練部門で約37,000人が，労働部門で278,600人が就労していた[86]．

(3) 作業所協議会

作業所における障害者を代表する組織として，作業所協議会がある．これはドイツ法の特徴的な制度である．障害者は，その行為能力にかかわらず，作業所協議会を通じて，作業所内の事項に関与し，作業所の決定に参加することができる．作業所協議会は，社会法典第52条に基づき障害者代表がいない場合，作業所への入所手続や職業訓練領域で勤務する障害者の利益を適切に考慮しなければならない（社会法典第9編222条第1項)[87]．

作業所は年に1回，障害者の法定代理人（両親など）やそのケアを行う者に対し，「父母及び介護者会議」で作業所の事項について通知し，意見を聴取する必要がある．また，作業所の設置者との合意により，両親及び介護者の協議会を設置することができ，この協議会は，作業所や作業所協議会に助言し，提

---

85) BIH, Jahresbericht, 2020/2021, S.26.
86) BIH, Jahresbericht, 2020/2021, S.26.
87) さらに次のように規定されている．「作業所においては，作業所協議会を選出するものとし，少なくとも3名のメンバーから構成されるものとする．すべての障害者は，作業所協議会の投票権を有する．このうち，選挙の日に6か月以上作業所に就労されている障害者は，その資格を有する」．

案や発言を通じて支援する役割を担っている（社会法典第9編222条第3項）．さらに，障害のある女性が作業所協議会に平等に参加することを保障する規定も設けられている．「障害女性は，各作業所において，女性代表及び副代表を選出する．投票権を有する女性が700人を超える作業所では，第2副代表を選出し，投票権を有する女性が1000人を超える作業所では，3人までの副代表を選出しなければならない」（社会法典第9編222条第4項）．大規模な作業所では，クオータ制が採用されるべきであることがわかる．

　マインツ市での調査では，公務員であるレーマン氏がさまざまなレベルで障害者の利益を代表し，支援する活動を行っていることが確認された．レーマン氏は，採用面接の際に障害者に同行したことや，労働者の疾病の際には産業医と協力して復職のためのプログラムを構築したと述べている．また，両親休暇（日本の育児休業）後の復職に関しても，代表として交渉を行うという．

　「イヴェントカジノ」では作業所協議会が設置されており，作業所は協議会と定期的に交渉を行っている．これらの交渉は，作業所参加規則（Werkstätten-Mitwirkungsverordnung, WMVO）に基づき，月例会議で実施されている．さらに，スタッフの採用に関する情報提供義務があり，作業所協議会には「拒否権」があるという．

(4) 作業所の工賃や所得保障

　作業所では，障害者に工賃が支払われるが，ある研究によると，ドイツ全体での平均的な工賃は月額220ユーロである[88]．この高くない工賃を補うため「基礎保障制度（Grundsicherung）」が存在する．この制度は，障害者だけでなく，収入能力が低下した人や，生活が困難な人にも適用される．

　基礎保障制度の対象となるのは，18歳以上65歳未満で作業所に在籍する障害者であり[89]，市より支給される．

---

88) Bundesministerium für Arbeit und Soziales, Studie zu einem transparenten, nachhaltigen und zukunftsfähigen Entgeltsystem für Menschen mit Behinderungen in Werkstätten für behinderte Menschen und deren Perspektiven auf dem allgemeinen Arbeitsmarkt (2021) S. 51.
なお，作業所の障害者の所得保障を現在，障害年金で担うという日本の研究があるが，誤解である．障害年金は，作業所などを退職した後の年金である．日本の障害年金と名前が類似しているため，このような重大な誤解が生じたと思われる．制度の名前よりも，制度の機能に着目して各国の制度を比較するのは，比較法研究の基本であると思われる．
89) 障害者作業所（WfbM）の障害者以外では，収入能力が永久に完全に減退している者，職業訓練生，定年退職者等が，適用対象となる．

収入がある場合は，基礎保障を請求できないか，請求できる金額が低くなる場合がある．ただし，一部の収入はこの計算に考慮されない．例えば，自営業や非自営業の所得の30％，一定の老齢加算額，事故による慰謝料，作業所での労務提供に対する報酬の一部，要介護者の介護手当は除外される．

　基準額は，成人が一人暮らしまたはグループホーム等で生活する場合，563ユーロと定められている（2025年）．この基準額は，障害のある成人が両親と同居する場合にも適用される．また，グループホーム等の共同住宅に住むパートナーには506ユーロが適用される（2025年）．

　住居費は家賃に応じて異なり，例えばベルリンでは50㎡のアパートで月額約440ユーロ，ミュンヘンでは約640ユーロが適正とされている．さらに暖房費の分も加算される．

　重度障害者証に「G」または「aG」のマークが付いている場合，基準給付額に17％加算される（障害者加算）．また，作業所での昼食費用も加算対象となり，2025年では1回の昼食につき4.4ユーロが支給される．さらに，出産時の一時的な需要や被覆・家具購入などの一時的な需要にも支給が行われる．

　基礎保障制度とは別に，日本の生活保護制度に相当する「社会扶助制度」も存在する．

　マインツ市にある作業所「gpe」では，精神障害や疾患のある人が就労している．1985年に福祉団体によって設立され，1993年に障害者のための作業所を開設し，現在では中規模の施設である．一般労働市場への統合も目的としており，職業訓練やインターンシップも設置している．ここでは，裁縫工場，ランドリー，デジタル印刷，組立・包装，食品製造などの仕事が行われている．障害者には作業所からの工賃のほか，市から基礎保障が支給される．この作業所「gpe」では，前述の通り，障害者の入所にあたり，障害者の自己加害や他者加害の可能性に特に注意を払わず，親などの要請があれば障害者を受け入れることが多い．

　市や州からの補助金により運営されており，統合局も作業所や居住施設への支援を提供している．

　支援の提供やその額は連邦州によって異なる．

　2020年には，統合局の総支出に占める作業所への支援の割合は前年の6％から5％強に減少し，支援額は約3,070万ユーロ，そのうち約1,750万ユーロが障

害者の作業所に使われた[90].

　gpeの当時の所長へのインタビューによると，作業所には特別支援学校など
から入所する者や，民間企業での就労が困難な者が多い．一般就労に移行して
から再び戻ってくることもあるという．長期間作業所に勤務すれば将来退職後
年金も得られるため，親は作業所での子の就労を望む傾向があり，職業訓練と
就労の場を提供する作業所は今後も必要だとは述べている．

4. 統合政策

（1）インクルージョン企業
A．インクルージョン企業とは

　インクルージョン企業（Inklusionsunternehmen）とは，従業員の最低30％（最
高で50％）を重度障害者が占める企業を指す（社会法典第215条第3項．旧法
では，25％以上50％）．この条件を満たす企業は，州の統合局から給付金を受
け取ることができる．

　2000年10月1日に施行された重度障害者の失業撲滅のための法律によって，
社会法典に統合プロジェクトに関する規定が追加された（現行社会法典第9編
215条）．現在では，これが「インクルージョン・プロジェクト」と改称され
ている．インクルージョン企業の目的は障害者を，雇用の場ではない作業所か
ら，雇用の場である一般労働市場へ編入・移行することである[91].

　この統合政策の重要な要素の一つが，インクルージョン企業への助成であ
る．インクルージョン企業は，法的にも経済的にも独立して運営されており，
上述の条件を満たすインクルージョン企業は，創業，拡張，近代化，設備投
資，経営アドバイス，特別経費に対して，納付金を財源とした支援を受けるこ
とができる．州の統合局からは，一般企業と同様の給付金に加え，企業支援の
ため，経営に関する助言も提供している．

90）　BIH, Jahresbericht, 2020/2021, S.27.
91）　BT-Drucksache 14/3372.

インクルージョン企業の設立時には，次の点が審査される（以下はヘッセン州の文書による）．

- 業務のアイデア
- 支援の申請書
- 企業のコンセプトやビジネスプラン
- コンセプトやビジネスプランの助言，ビジネスプランのドラフト，労働契約書，商業登記簿，公益性の証明，市や広域自治体の態度決定または雇用エージェンシーの意見
- 支援対象となる全体費用の算定
- 経営学的な鑑定書（売上予測や市場でのチャンスについての鑑定が必要であり，統合局が委託したコンサルティング企業によって行われる）

このようにして，統合プロジェクトで働く障害者は，通常の労働者として労働法の適用を受ける．また最低賃金法は，障害者を雇用する企業やインクルージョン企業にも適用されるため，インクルージョン企業で就労する障害者も最低賃金以上の賃金を受けることができる．最低賃金は当初8.5ユーロに設定されていたが，2024年1月1日より1時間あたり12.41ユーロに，さらに2025年には12.82ユーロに引き上げられている．

B．統合局によるインクルージョン企業への支出

2020年，統合局は約1億1,800万ユーロを統合プロジェクトに支出し[92]，これは統合局全体の20%を占めている[93]．この支出は，減少給付に対する調整と当事者への特別な人的支援に関連している．「特別な負担に対する給付」（Aussergewöhnliche Aufwendungen）と称し，これは，障害者を雇用し，事業所における労務の提供が減少する場合（社会法典第9編185条3項2号e）の給付金（減少給付（Minderleistung））である．「特別な負担に対する給付」には7,302ユーロ[94]を支出している．そのうち1,641万ユーロは職場の構築，拡張，

---

92) BIH, Jahresbericht, 2020/2021, S. 22.
93) BIH, Jahresbericht, 2013/2014, S. 28.
94) BIH, Jahresbericht, 2020/2021, S. 21.

第2章　ドイツの障害者雇用と福祉

近代化，装備に充てられ[95]，経営的助言には，2020年に207ユーロ[96]（2013年は133万ユーロ）を支出している[97]．使用者が義務を履行した場合，さらに財政的援助を受けることができる．これらは，使用者の支払う納付金を主な財源としている．

C．インクルージョン企業の実際

インクルージョン企業は，主に病院，福祉団体，作業所などによって設立され，他にもカフェ，ホテル，スーパー，セカンドハンドショップ，コンピューター部品製作会社など多様な形態がある．これらの企業は市場で活躍し，一般企業との激しい競争に直面しているが，重度障害者を雇用するインクルージョン企業には税法上の特典があり，インクルージョン企業の取引やサービスには，通常19%の付加価値税が7%に設定されている．たとえば，インクルージョン企業が生産する物に対しては，7%の付加価値税が課されるにすぎない．

過去のデータでは，2001年に250例，2002年に314例，2003年に365例，2007年に517例，2008年に508例，2013年には799例のインクルージョン企業[98]が助成を受けていた．現在，945の事業所が認可され[99]，助成を受けている．13,590人の重度障害者が雇用されている[100]．内訳としては，27%が精神障害者，27%が知的障害者である[101]．

ドイツでの調査では，ハイデルベルク近郊のセカンドハンドショップを，フロスという経営者が経営しており，障害者を雇用している．フロス氏は社会福祉と経営学を学んでおり，両方の知識が企業経営において重要だと考えている．彼は母親が亡くなり不要となった物を売却する必要から，セカンドハンドショップの経営を思い立った．店では，精神障害のあるスタッフがレジを担当し，大型のじゅうたんから小物のグラスまで様々な商品が販売されている．

---

95) BIH, Jahresbericht, 2013/2014, S. 26.
96) BIH, Jahresbericht, 2020/2021, S. 21.
97) BIH, Jahresbericht, 2020/2021, S. 21.
98) BIH, Jahresbericht, 2013/2014, S. 27.
99) BIH, Jahresbericht, 2020/2021, S. 21.
100) BIH, Jahresbericht, 2020/2021, S. 21.
101) BIH, Jahresbericht, 2020/2021, S. 21.

ハイデルベルクの郊外にあるフロス氏が経営するインクルージョン企業のスーパーは，見た目には一般のスーパーと区別がつきにくい．付加価値税は7%であり，そのため消費者はこのスーパーで安価な商品を購入できる．周辺地域では社会扶助（日本における生活保護）を受けている人が多いため，スーパーは全体に低価格に設定している．このような特性を出すことで安定した経営を可能にしている．店内には障害のないスタッフが2人，精神障害のあるスタッフが5人おり，経験者を優先的に採用している．経験のないスタッフには店内での教育が行われる[102]．週40時間労働が基本で，精神的障害のあるスタッフは週30時間勤務である．採用は面接で行い，障害の有無は重度障害者証で確認し，適性と労働能力は試用期間で観察し確認する．

　マインツ市には，前節で触れた「gpe」が運営するスーパーがあり，当時の法律により重度障害者を25％（現行法では30％）から50％雇用する必要から，重度ではない障害者（精神障害者や学習障害者）か健常者のスタッフを50％から75％雇用する必要があった．

　また，同じくマインツ市にあるインクルージョン企業として運営されている「ホテル・インデペンダンス」（図3）は三ツ星ホテルで，12人の障害者が雇用されていた．知的，精神，学習，身体障害を持つ人々であり，30時間の

図3　ホテル・インデペンダンス

---

102) 以前にも，これらの調査の実例は紹介したが（大曽根寛・高橋賢司・引馬知子「障害をめぐるEUの政策と各国の相互作用に関する国際比較研究 - 社会的包摂に向けて」(2015年)），重要であると思われたので，要約したうえで改めて一部を紹介し，加筆もした．

交替制で勤務していた。健常者のスタッフは4人で，支配人，コック，その他2名がいた。障害者はレセプション，清掃，レストランの3つの部門に分かれて働いており，精神障害のある労働者がベッドメイキングをしていた。税制上の優遇措置により，三つ星レベルのサービスを提供しながら，宿泊料金は二つ星ホテルと同程度である。支配人のトレンクマン氏によれば，業務を遂行できない人は雇用しないという。仕事ができるかどうかが重要であって，障害程度は重要ではないという。

2009年に調査したカッセル市内では，インクルージョン企業のカフェがあったが，2013年に経営上の理由で閉鎖された。障害者を雇用するインクルージョン企業には税制上の優遇があるものの，経営難で倒産する事例もある。バーデン・ビュッテンブルク州では，統合局から経営能力が不十分と判断され，インクルージョン企業の設立が許可されなかったケースもある。

(2) 就労支援業者・員 (Integrationsfachdienst, IFD)

A. 就労支援業の委託

2000年に制定された重度障害者の失業撲滅のための法律により，制度として，就労支援業者・員 (Integrationsfachdienst, IFD) が導入された。IFDは，連邦雇用エージェンシーや市のジョブセンターから委託を受け，障害者の一般労働市場への斡旋や支援を行う。また，統合局からの委託で，面接指導や職場でのサポートを提供することもある。すでに90年代に，モデル事業として行われたことのある取り組みであり，1997年の「重度障害者の労働生活への編入のためのIFDに関する先行的な諸原則」から発展して，近年社会法典に根拠づけられた。

B. IFDの事例

2012年に筆者がおこなったニュールンベルクでの調査で訪れたIFDでは，幼稚園から学校，大学，企業に至るまで支援者が異なるのは望ましくないと考えられ，一貫して同じ支援者が担当する体制が取られている。企業との関係では，採用面接の際に支援者が同伴してサポートを行うこともある。

さらに，うつ病にかかった労働者がIFDに支援を求めた事例では，IFDの支援者が会社で上司と労働者本人との話し合いを設定し，解雇などのリスクを防

ぐ取り組みが行われた.

2014年のカッセルのIFDでの調査では,就労の斡旋は市のジョブセンターからの委託を受けていた.随伴的な支援の報酬は時間単位で支払われていた.そのIFD,ソーシャル・セラピーのエンゲルハルト氏によると,斡旋の成功率は約50％である.障害者と職場で問題が発生した場合,まず上司から話を聞き,IFDを含めた三者での対話を通じて解決を図ることが多いという.精神障害者の場合,長期にわたる支援によって年金受給まで繋がるケースもあり,企業に障害者が長く定着することが可能になる[103].図4が,カッセル市内のIDF機関ソーシャル・セラピーである.

図4　カッセル市内のソーシャル・セラピー

C．IFDの委託の実際

2020年のデータによると,IFDには213の機関があり[104],1,237の事業所が運営されている[105].1,750人の専門スタッフが所属しており[106],59,600人の障害者を支援している.

具体的には,就労支援業者のサポートによって1,128件の労働契約や教育訓

---

103) 以前にも,これらの調査の実例は紹介したが（大曽根寛・高橋賢司・引馬知子「障害をめぐるEUの政策と各国の相互作用に関する国際比較研究-社会的包摂に向けて」）47頁において紹介したが,重要であると思われたので,要約したうえで改めて一部を紹介した.
104) BIH, Jahresbericht, 2020/2021, S. 25.
105) BIH, Jahresbericht, 2020/2021, S. 25.
106) BIH, Jahresbericht, 2020/2021, S. 25.

練契約が結ばれ[107]，就労支援業者の支援を通じて260人の生徒が労働市場に進出，また235人の障害者が作業所から労働市場へ移行している[108]．

11,350のケースで就労支援業者が支援に入り，これらのうちの85％が労働契約関係を維持している．IFDへの委託は，納付金によって財政的に支援されており[109]，関連する費用は約1億700万ユーロに達している[110]．1件あたりの費用は約1,248ユーロで[111]，大部分は就労支援業者の自主財源によっても賄われている[112]．

（3）インクルージョン協定

インクルージョン協定は，障害者の労働環境を改善し，雇用の継続を支援するために使用者と事業所協議会，もしくは重度障害者代表が結ぶ合意である．この協定は，障害者の雇用契約終了を防ぐための予防的措置を含んでいる．2004年の障害者の教育訓練と雇用のための法律でその仕組みが作られた．2016年の法改正では，社会法典第9編166条に規定された．従来の「統合（インテグレーション）協定」から「インクルージョン協定」へと名称が変更され，制度が進化した．インクルージョン協定には，以下のような要素が含まれる．

人事計画：空いたポストや新たなポストの補充に際して，重度障害者を優先的に考慮．

職場設計と労働環境の改善：障害者が平等に参加できるよう，職場の設備や作業組織，労働時間を適切に調整．

障害者雇用の割合：特に重度障害を持つ女性や若年障害者の雇用に関する特別な規定．

予防措置：労働環境の改善，健康促進，障害者が職場に留まるための管理体制の確立．

医療支援：労働生活における障害者への特別な支援を提供するための産業医の選任．

---

107) BIH, Jahresbericht, 2020/2021, S. 26.
108) BIH, Jahresbericht, 2020/2021, S. 26.
109) BIH, Jahresbericht, 2020/2021, S. 26.
110) BIH, Jahresbericht, 2020/2021, S. 26.
111) BIH, Jahresbericht, 2020/2021, S. 26.
112) BIH, Jahresbericht, 2020/2021, S. 26.

5. ドイツにおける教育訓練と援助付き雇用

　以下で述べる援助付き雇用の制度は，教育訓練と雇用とを結びつける新たな制度である．その前提として，従来の教育訓練の制度を記す．

(1) 従来の教育訓練の全体的な仕組み

　教育訓練は，企業や公共・民間の職業訓練学校で受けることができる．ただし，障害によって通常の訓練が受けられない場合もある．実習は，理論的及び実践的な内容で構成され，国が認定した職業に基づいて行われる．

　教育訓練は大きく分けて，以下の3つのカテゴリーに分類される．

① 職業準備のための職業訓練措置

　若者がキャリア教育や初期トレーニングを受けたり，社会復帰の専門的支援を受けたりすることを目的としている．この訓練措置は公共または民間の職業訓練によって提供され，たとえば連邦雇用エージェンシー「カッセル」では，適職の探索やテスト，面接の練習などが行われる．また，連邦被用者アカデミーでは，健康や社会保険に関する講義が行われ，期間は約10〜18ヶ月である．

② 教育訓練施設での教育訓練

　職業訓練施設では，健常者向けの教育訓練に障害者が参加して行われる教育訓練もある．特別に設置された障害者向け教育訓練を実施する．たとえば，社会福祉事業であるカリタスが設立する訓練施設などで提供されることもある．この訓練では主に座学が中心である．

③ 企業内の教育訓練

　②の職業訓練施設での訓練と前後して企業内でのインターンシップも行われ，企業内での実践的な教育訓練が提供される．教育訓練全体の約10％がインターンシップに充てられ（連邦雇用エージェンシー「カッセル」でのインタビュー），訓練施設での学びを企業での実践に活かすことができる．

　このような仕組みは，現在も継続されている．なお，このほかにも，作業所で行われる職業訓練があるが，これについては別の箇所で述べる．

第2章　ドイツの障害者雇用と福祉

（2）補助金

A．教育訓練生への補助金

　教育訓練生は教育訓練給付金の支給を受け（社会法典第3編122条）．これ
とは別に訓練の対価（労働者でいえば賃金）が使用者から支給される．補助
金額は，障害のない教育訓練生に支給される教育訓練補助金（Beihilfe）と変
わらない．需要（ニーズ）を計算して算出される．例えば，教育訓練生の収入
や生活費は重要で，需要が高く，収入が低ければ低いほど，より多くの補助金
を得ることができる．親の収入も考慮に入れられる．

　例えば，基本需要421ユーロ，賃料総額480ユーロ，衣服需要15ユーロ，通
勤費用58ユーロであれば，生計費の需要総額が854ユーロとなり，教育訓練
生の労働の対価が680ユーロ，両親の賃金が3,250ユーロの場合，教育訓練補
助金は，254ユーロとなる[113]．

　さらに，ブジェー・フュア・アウスビルディング（Budget für Ausbildung[114]）
という，連邦雇用庁が管轄するリハビリテーションと参加（教育訓練）のた
めの給付金があり，社会法典第9編185条3項6号の規定で，納付金から一部
を支払われる．教育訓練に必要な期間，社会保険料の使用者拠出分を含む教
育訓練の対価に支給される．

B．企業への主な補助金

　企業は，教育訓練の対価として，最後の月の60％まで（重度障害者につい
ては最後の月の80％まで）の補助金が，雇用エージェンシーまたはリハビリ
テーション機関から支給される．このほか，統合局からは，使用者は一定の
要件の下で，障害のある年少者及び若年成年者の職業訓練の費用を得ること
ができる（重度障害者納付金支出規則26b条）．給付例が少ない理由として，
ヘッセン州の統合局のシュレンバッハ氏によれば，ほかの多くの給付と重
なっており，給付元のメインが統合局ではないためだという．

C．教育訓練機関への補助金

　教育訓練機関は，職業訓練課程，交通費，教育訓練の対価の分を総額で支

---

113) https://www.azubi.de/beruf/tipps/berufsausbildungsbeihilfe
114) 直訳は訓練のための予算である．

45

給される．教育訓練は連邦レベルで訓練機関に対して実施され，ホームページを通じて公募が行われる．地域的なセンター（Einkaufzentrum）が公募を実施し，職業訓練機関等が応募する．審査は連邦雇用エージェンシーが行う．

D．その他の補助金

上述以外の補助金として，遠隔授業料金，教材費，作業服，子の養育費が支給される．

（3）援助付き雇用

援助付き雇用は，2009年にドイツ社会法典第9編（現行55条）に就労支援の手段として規定された．その目的は，作業所での就労に代わるものとして，障害者の一般労働市場での就職を支援することである．主に，特別な教育支援を行う学校を卒業した者や，一般労働市場への就職を希望する作業所の障害者が対象である．援助付き雇用の内容は，個別的な企業での職業訓練と，付き添いの支援であり，この2つを組み合わせて職業教育を行う仕組みである．援助付き雇用は，連邦雇用エージェンシーが管轄する．一つの方法として，連邦雇用エイジェンシーが訓練施設を公募し，入札が行われる．入札施設（たとえば，民間の職業訓練機関）がまず職業訓練を行う．これと同時に，企業内での職業訓練も行う．多くの場合，2年間の職業訓練が行われるが，例外として3年間の場合もある．これに続いて付き添いの随伴的な支援が必要に応じて提供されるが，付き添いは州の統合局が資金を提供する．訓練生は，生活費や訓練費用を連邦雇用エイジェンシーから支給される．使用者のための訓練費用は州統合局より支援を受ける．援助付き雇用は，2020年には338人の重度障害者が州より支給を受け，支出総額は120万ユーロ強であった．

A．援助付き雇用の例（カッセルでの援助付き雇用）

教育機関である連邦被用者アカデミーが，ヘッセン州カッセルでは初めて，援助付き雇用制度を連邦雇用エージェンシーから受託した．連邦被用者アカデミーは，労働組合が設置する教育訓練機関である．訓練は，通常は，障害のない者と障害のある者両者を対象とする職業訓練を行っている．例えば，障害者のみを対象とした職業訓練では，障害者を対象に，例えば，販売員の職業訓練

を行っている．

　連邦雇用エージェンシー「カッセル」を通じて，2009年10月から始まった援助付き雇用により，16人がこの連邦被用者アカデミーで教育訓練を受けていた．

　連邦被用者アカデミーには学習障害者が多く，援助付き雇用の対象者は学習障害者が圧倒的に多い．自閉症の者もいる．アカデミーに来る前は，特別支援学校を修了した者のほか，小学校卒業後に置かれる学校，基幹学校（Hauptschule）を修了した者も数人もいる．図5は，アカデミーの前で撮影した写真である．

図5　連邦被用者アカデミー（カッセル）の前
左から，連邦雇用エージェンシー（カッセル）の援助付き雇用担当のハインリッヒゾーン氏．筆者．同アカデミーのムスター氏．（筆者撮影）

　また，図6は，アカデミー内の教室であるが，同アカデミーのムスター氏によれば，ここではまずテストを行う．訓練用のさまざまな手動器具が置かれている．「こんなの簡単だ」いう訓練生は多いが，多くの者ができないという．

　20名の支援員が在籍する．教育訓練の枠内で，7週間の準備期間がある．この期間中に，訓練生から自分の将来を話してもらうこともある．過去につらい経験をした人が多く，ポジティブに将来を描けない人が多い．趣味の話では，「フォルクスワーゲン」の説明をすることもある．

　その後訓練生は，企業で教育訓練を受ける．企業での訓練に到達しない者

47

は，このアカデミーに隣接する園芸企業で教育訓練を続ける．

援助付き雇用期間の平均は18か月である．この期間をおおよそ超えると教育訓練が終了するが，訓練期間は短いほど「優秀」とみなされる．

この援助付き雇用の期間には随伴的な支援が行われるが，訓練が企業に移行したあとも，支援者が企業に赴くことがある．企業では，そのテンポについていけない障害者も多く，支援者からの要請で企業側に支援方法を改善してもらうこともあれば，大きな企業では仕事を変えてもらうこともある．アカデミー修了生が道路工事に従事するときには，道具の準備や手順を支援者が細かく教える．

企業の教育訓練に移行するときには，「その障害者に何ができて何ができないか」を事前に支援者が説明することが必須である．このサポートがなければ企業での就労は非常に厳しいという．移行先の業種は，園芸，道路工事，デパートやスーパーなどが主である．過去には調理（補助）の仕事もあった．

2015年には，70人の援助付き雇用にあった者のうち半数の35人が就職を果たし，2人（3％）が教育訓練に移行した．援助付き雇用を途中で辞めてしまった者は，健康上の理由が9人（13％），契約違反が6人（9％），モチベーション不足が5人（7％），それ以外の個人的な理由が3人（4％）であった．また，7人（10％）が作業所へ移行した．

図6　連邦被用者アカデミー内教室

6. 小括　日独比較

（1）一般就労
　ドイツは国連障害者権利条約に署名し，批准しているが，障害者権利委員会からは，障害者の主要な労働市場への参入や移行の促進が必要だと指摘されている．

　ドイツでは，納付金制度に加え，インクルージョン企業や就労支援業者，統合のための協定などを通じて労働市場への統合政策を進めてきた．さらに，連邦参加法の施行により，作業所の障害者が企業などに雇用される際に賃金補助を提供する「ブジェー・フュア・アルバイト」制度が導入されており，最大75％の賃金補助が可能となっている．

　納付金制度について日本と比較すると，ドイツの障害者雇用率は5％であり，障害の概念には社会的モデルが導入され，国連障害者権利条約に沿った法改正が進んでいる．特に，感覚障害の概念が新たに導入されている点が特徴的である．これと比べて，日本においては，雇用率の向上だけでなく，障害の概念の見直しが必要だと思われる．

　日独の雇用助成を比較すると，給付内容には類似点と相違点が見られる．まず，ドイツでは，日本とは異なり，納付金を財源とした労働者に対するさまざまな給付が存在する．一般労働市場への移行に伴う「ブジェー・フュア・アルバイト」の賃金補助のほか，技術的な補助，職場までの移動手段（自動車購入など）に対する補助，起業支援，障害に応じた住居の購入・設備・維持のための補助，そしてジョブ・アシスタントに対する補助がある．これらはすべて納付金を財源として支給されている．

　また，使用者に対する給付も異なる点がある．ドイツには，納付金制度に基づいて，労働能力の減少に対する補助が存在する．例えば，障害が理由で同僚の作業ペースが遅い場合など，その労務の減少が認められる際には，公的機関が財政的に補塡する．このような配慮は，障害者に対する公的な補助の内容として評価されるべきものである．

　さらに，ジョブ・アシスタントに対する給付が納付金を財源にして行われている点も重要である．特に，介助に対する給付が納付金によって支えられ

ている点は注目に値する．介助は個人的な行為に関連するため，補助の対象とすべきか議論があるが，障害者にとっては介助がその人の雇用に密接に関連するため，この補助が納付金を基に提供されることが正当化されている．このようなジョブ・アシスタントの支援は，障害者の職業生活に貢献すると考えられる．

　前述のとおり，ほとんどの給付は，障害者権利条約で定められた「合理的配慮」に該当するものである．使用者は，障害者（労働者）に対してその配慮を行う義務を負うだけでなく，国や州が，法律や州の給付を通じて障害者の雇用を保護し，促進する．障害者が障害を理由に職を得にくかったり，職務遂行が一部困難であったりする場合，それゆえに発生する不利益が障害者には存在する．その不利益を，使用者だけでなく，公的機関が給付を通じて補填することで，障害者の労務提供や雇用が平等に実現される．したがって，公的機関による給付は，障害者の雇用における困難を除去しその平等を実現するために必要不可欠なものである．

（2）統合政策

　インクルージョン（社会的包摂）において制度として重要なのは，インクルージョン企業や就労支援業者による統合プロジェクトである．

　日独の障害者雇用政策や納付金制度を比較する際，最も顕著な差異は，インクルージョン企業のような社会的企業の有無である．これらインクルージョン企業での雇用は，障害者福祉施設である作業所と，一般就労を提供する民間企業等の中間に位置する就労形態であり，作業所から一般就労への橋渡しとして構想された仕組みを持つ．重要なのは，この制度が福祉の一部ではなく，雇用の一形態として位置づけられている点である．

　国連の障害者権利条約上の障害者権利委員会は，作業所から一般就労への移行を促進し，作業所の隔離性を取り除くことを求めている．作業所とは異なる就労形態が求められる中で，インクルージョン企業のような形態は重要である．

　また，現行法では，インクルージョン企業とは，事業所で重度障害者を30％から50％以上雇用している企業を指す．この割合を満たさなければ，州からの給付金による助成を受けることができない．障害のない人と障害のあ

る人が平等に雇用されるという観点から，この割合は重要であり，重度障害者が30％から50％を占めることが必要である．この数字は，障害者が平等に就労参加できるよう考案されたものであり，これを下回ると，重度障害者にとっては平等な雇用環境が確保されていないという意味でもある．

ドイツのインクルージョン企業の形態は，日本の特例子会社や就労継続A型事業所と機能的に類似している．インクルージョン企業では，上述の通り，重度障害者を一定割合で雇用するという規範がある点が特徴的である．

また，ドイツのインクルージョン企業での雇用も，日本の福祉的就労として実施される就労継続A型事業所と類似する．しかし，大きな違いは，ドイツのインクルージョン企業が納付金制度によって運営されている点である．そのうえ，ドイツのインクルージョン企業は一般就労として位置づけられている．障害者権利委員会との関係において，作業所の隔離性を除去し，労働市場への橋渡しが求められている中，この事業形態が福祉の一環ではなく，雇用の一環であるという法律上の位置づけが重要である．

さらに，この制度が租税ではなく，納付金制度で運営されている点も重要である．インクルージョン企業のような社会的企業が，税を財源とする福祉制度に依存する場合，国の財政負担が重くなる可能性がある．しかし，納付金を財源とする場合，障害者を雇用していない企業が支払う納付金が，障害者を雇用しているインクルージョン企業の支援に充てんされるため，より効率的な制度となる．

このような制度を運用するには，雇用率が相当な水準であることが求められる．

(3) 福祉的就労

日本では，所得が一定程度あるものの，生活するには十分でない場合，生活保護制度以外の十分な制度が整備されていない．ドイツの基礎保障制度はハルツ法の一環で設立され，特にハルツIVとして知られており，収入が少ない人に向けた制度として，日本でも注目されていた．高齢者，障害者，失業者が同額の給付を受けられることになっている．

ドイツでは，障害者が福祉施設で就労している場合，工賃が必ずしも十分

ではない．また，多くの高齢者が年金を受給しているが，その額が十分でないため，年金だけでは生活が厳しいという問題もある．

　日本においても，高齢者や障害者が同様の問題に直面している．所得があっても生活に十分でない人々に対して，政府は所得保障制度の充実を検討する必要があることは，日独の比較から明らかである．

　繰り返し述べてきたように，国連障害者権利委員会は，作業所の障害者を一般労働市場に移行させることを各国に求めている．ドイツのインクルージョン企業や「ブジェー・フュア・アルバイト」（Budget für Arbeit）は，日本の障害者雇用政策にとっても重要な示唆を与えるものと考えられる．

第**3**章

フランスの
障害者雇用と福祉

小澤　真（Makoto OZAWA）

第3章 フランスの障害者雇用と福祉

1. はじめに

　2020年の前後，フランスにおいて障害者に関する取り組みは大きく変化した．2018年法，すなわち職業的将来選択のための2018年9月5日の法律第2018-771号（Loi n° 2018-771 du 5 septembre 2018）の実施と，それに続くいくつかの法改正[1]による変化である．2018年法は職業訓練，失業保険の適用範囲拡大，男女平等やハラスメント防止，外国人派遣労働者の保護などを含む総合的な労働法改革であったが，障害者就労政策の変革も含んでいる．また2017年にはすでに援助付き雇用（ジョブコーチ）も公式に開始され，福祉的就労施設である労働支援機関・サービス（établissement et service d'accompagnement par le travail, ESAT）も2024年現在，改革の只中にある．

　フランスはドイツと並び早い時期から雇用率制度を採用した国で，わが国の障害者政策の策定にも参照されてきた．日本におけるフランスの障害者雇用に関する研究も少なくないが[2]，しかしながら上述のように2018年以降，大きな改革がいくつも行われており，現在も絶え間なく変化している．そうした情報のアップデートも本論の目的とするところである．

　フランスは障害及び健康状態を理由とする差別を禁止する1990年7月12日の法律第90-602号（Loi n° 90-602 du 12 juillet 1990 relative à la protection des personnes contre les discriminations en raison de leur état de santé ou de leur handicap）により，アメリカと同様に，障害に関する非差別法を採択した国の1つである．しかしながら2010年のHALDEの年次報告[3]によれば，差別に関する申立

---

1)　Loi n° 2022-217 du 21 février 2022, Loi n° 2023-1196 du 18 décembre 2023.
2)　NIVR『欧米の障害者雇用法制及び施策の動向と課題』（2012年），永野仁美『障害者の雇用と所得保障』（信山社，2013年），ドミニク・ヴェルシュ，大曽根寛「フランスの障害者政策」大曽根寛編『EU・ドイツ・フランスにおける障害者雇用・就労の近未来』（放送大学大曽根研究室，2016年）63-88頁，NIVR『障害認定及び就労困難性の判定に係る諸外国の具体的実務状況等に関する調査研究～フランス・ドイツの取組』（2020年），永野仁美「フランスにおける障害者所得保障制度」山田篤裕ほか『公的年金制度の所得保障機能・所得再分配機能に関する検討に資する研究（21AA2008）』（2023年）103-132頁．
3)　HALDE, Rapport annuel HALDE, 2010. 高等差別禁止平等対策機関（Haute autorité de lutte contre les discriminations et pour l'égalité, HALDE）は差別事件について被害者の救済を目的とする．差別事件に対し，被害者は民事及び刑事訴訟の他にHALDEに申立てることができた．HALDEは調査権限を有し，調停の斡旋，和解案の提示，勧告を行う．さらに差別禁止に関わる法律案の諮問等も行っていた．やがてHALDEは，2008年の憲法改正法（Loi constitutionnelle n° 2008-724 du 23 juillet 2008 de modernisation des institutions de la Vᵉ République）及び2011年の国家組織法（Loi organique n° 2011-333 du 29 mars 2011 relative

55

て理由の27%が出自に関するもの，19%が健康・障害に関するものであったが，DDDの2021年の年次報告[4]によれば，DDDへの差別に関する主な申立て理由のうち19.9%が障害に関するもの，16.3%が健康状態に関するもの，15.2%が出自や民族に関するものであり，障害に関する差別の案件は出自によるものを超え，最多となっていることには注目してよいだろう．フランスもまた障害者政策に関連して多くの問題を抱えているのである．

　本論の目的は，これらの現状を整理し，それを分析することである．特に障害者権利条約の影響を考慮し，それとどのように向き合っているかを施策から分析する．まず障害の定義とデータについて確認をするところから始め，障害者権利条約関連や最新の政策等の情報を整理したうえで，一般就労，援助付き雇用，社会的企業，そして福祉的就労施設という4つの就労の場について考察する．ただしこれは便宜上の4つの分類である．

　わが国では，一般就労に対する賃金補填はなされていないが，これについてもフランスではどのような形でなされているのかを調査した．援助付き雇用は最近法制化されたものであるが，わが国とどのような差異があるかをデータから分析した．また雇用における福祉的支援がうまく機能するように，どのような助成（例えばAGEFIPHやFIPHFP[5]の助成）があるのかもリスト化した．

　障害者のための社会的企業である適合企業（entreprise adaptée, EA）は福祉的就労施設であるESATと，その起源からして極めて近い位置にあり[6]，労働法が適用されるシェルタード・ワークショップとしての性格を持つ．したがって，適合企業とESATは同じ節で扱うことも可能であろう．適合企業は労働法が適用されるという点でわが国の就労継続支援A型事業所に近いとも言えるが，賃

---

au Défenseur des droits）によって創設された人権擁護機関（Défenseurs des Droits, DDD）によって，その任務が移管された．障害者権利条約第33条との関係では，このDDDは国内における実施状況の監視の一端も担っている（Gouvernement français, Rapport initial du gouvernement français, 2016）．

4)　DDD, Rapport annuel d'activité, 2021.

5)　障害者職業参入基金管理運営機関（Association de gestion du fonds pour l'insertion des personnes handicapées, AGEFIPH）は民間部門の雇用率にかかる納付金の管理運営を，公的部門障害者職業参入基金（Fonds pour l'insertion des personnes handicapées dans la fonction publique, FIPHFP）は公的部門の雇用率にかかる納付金の管理運営を担う．

6)　1957年11月23日の法律（Loi n° 57-1223 du 23 novembre 1957 sur le reclassement professionnel des travailleurs handicapés）により適合企業の前身である保護作業所（atelier protégé, AP）が設置されるが，ESATの前身である就労支援センター（centre d'aide par le travail, CAT）とAPが明確に区別されるようになるのは，CATに関する1964年12月18日の通達（Circulaire du 18 décembre 1964 relative aux CAT）を待たねばならない．

金補填が行われている点が異なる．ドイツの包摂企業と同様に，労働者の所得も比較的保障されている．

ESATに関しては改革が現在進行中であり，また福祉的就労施設に就労する者の労働者としての権利の問題も議論されている．

福祉的就労施設は障害者権利条約から「段階的廃止」を勧告されているが，これにフランスの障害者政策はどのような方向で対応しているのかについても分析した．

2. 障害者権利条約と現行法

(1) 障害者権利条約の批准

そもそもフランスに限らず，障害者政策は国際的な動向に左右されてきた．例えば雇用率制度の成立にはILOの勧告の影響も少なからずあったであろう[7]．近年では障害者権利条約（Convention relative aux droits des personnes handicapées）の影響も無視できない．

フランスは2010年に障害者権利条約に批准し，初回の政府報告は本来2012年に出さねばならなかったが，結局規定より遅れること4年，2016年に提出された．本来であれば2020年9月には審査が行われる予定だったが，新型コロナウイルスの影響で審査が遅れ，権利委員会の質問事項に対する回答を行ったのが2020年9月であった[8]．翌2021年8月18から23日にかけて，国連障害者権利委員会はフランスのレポートに基づき審査を行った．

---

[7] 例えばフランスにおける雇用率制度の導入は1924年であるが，小野隆「障害者雇用における割当雇用・納付金制度の役割」リハビリテーション研究63号（1990年）2-9頁によれば，これに先立つ1923年にILOが「障害者の恒久的な就職を保証するためには，法的義務づけが必要である」との勧告を出している．また，あらゆる障害者を対象にした法律ができるのは，1957年であり，永野・前掲（2013年）によれば，この法律制定の背景には1955年に出されるILOの「障害者の職業更生に関する勧告」があったと言われている．

[8] DDD, Synthèse, La mise en œuvre de la Convention relative aux droits des personnes handicapées (CIDPH), 2020, p. 3 ; Ministère du travail, de la santé, des solidarités et des familles, Audition de la France par les Nations Unies : poursuivre la mobilisation pour inscrire durablement l'approche par les droits des personnes handicapées, 25.8.2021, https://handicap.gouv.fr/audition-de-la-france-par-les-nations-unies-poursuivre-la-mobilisation-pour-inscrire-durablement（2024年12月25日最終閲覧）

2021年9月7日に採択され，10月4日に発表されたフランス初回審査の総括所見[9]のうち，本書に関連する就労に関わる部分についてのみ述べるならば，まず肯定的側面としては労働法典（以下，C. trav.）L. 5213-6条の合理的配慮の提供を義務とし，こうした措置提供の拒否は障害による差別にあたると規定したこと，また2019年の障害者雇用戦略[10]が評価された．一方で，委員会が労働と雇用に対して示した懸念は54項で以下のように記されている．

a）障害者の失業率が高く低賃金での雇用が多いこと，また住居と就労が一体化した保護的就労の場において障害者が分離されていること．

b）女性障害者の失業率が高く，パートタイムの雇用が多いこと，一時的雇用に女性障害者が集中していること，またキャリアや労働とプライベートのバランスの観点で女性障害者が直面している困難．

c）障害者の職業資格レベルの低さ，職業教育プログラム（とりわけ研究職を得るための）への参加が少ないこと．

d）使用者の啓発が不足し，使用者は合理的配慮の推進やユニバーサルデザインの利用に消極的であること．

その他，ドイツ等に対しても同様になされている勧告であるが，シェルタード・ワークショップの段階的廃止が記載されている．勧告については55項の以下のとおりである．

a）分離的なあらゆる労働環境を段階的に廃止し，保護的就労に終止符を打つための効果的な政策を強化し，また障害や必要な支援の程度がどのようなものであれ，あらゆる障害者が一般労働市場で就労でき，公的部門及び民間部門における労働環境に実際的に統合されるよう，期限や段

---

9) Nations Unies, CRPD/C/FR/CO/1.
10) Stratégie pour l'emploi des personnes en situation de handicap. 障害労働者の能力向上，障害者の能力に対する見方の改変のための研修，雇用義務制度の改革による雇用推進，模範的使用者の顕揚，障害者就労のためのプロセスの単純化，使用者が障害者を雇用するプロセスの単純化，情報やサービス利用の容易化，地域支援専門家による段階的・個別的支援による障害者の必要や選択への適合，職業的離脱を防ぐための使用者及び障害労働者への支援の発展など9の方針により17の施策がとられた．Ministère du travail, Stratégie pour l'emploi des personnes en situation de handicap, 19.11.2019, https://travail-emploi.gouv.fr/actualites/l-actualite-du-ministere/article/osonslemploi-strategie-pour-l-emploi-des-personnes-en-situation-de-handicap（2024年7月10日最終閲覧）

取りを伴う戦略を採用すること．

ｂ）あらゆる障害者の労働条件を監視し，報酬が最低賃金以下にならないようにすること．

ｃ）一般労働市場における女性障害者の雇用を促進すること．その際，個別サポートの可能性について知らされ，合理的配慮により実際にこれを利用することができ，職業生活と個人生活が両立できるよう具体的手段がとられるようにすること．

ｄ）労働において女性障害者の参加を促進し，あらゆる一般市場のセクターにおいて女性の能力と貢献が公平性に基づいて認められることを妨げるようなメンタリティを変えることを目的として，啓発的キャンペーンを行うこと．

ｅ）障害者が公平性に基づき技術的・職業的な指導，職業訓練や上級職業教育，あるいは雇用への進路指導に関する一般的プログラムに参加できるようにし，研究職を志す障害者には研究機関において数か年の計画によるサポートをすること．

ｆ）障害者の事業場における個別サポートを得る権利が公的及び民間セクターの使用者によって遵守されるようにし，合理的配慮の提供とこれに関する情報伝達を促進する方策を強化すること．

また，障害年金，障害補償給付（prestation de compensation du handicap, PCH），障害児教育手当（allocation d'éducation de l'enfant handicapé, AEEH）などの障害給付は不十分であると指摘されている．成人障害者手当（allocation aux adultes handicapés, AAH）に関しては配偶者の収入が考慮されるため，女性障害者の自立に対して制約があると指摘された[11]（積極的連帯所得手当[12]についても同様である）．

さらに，2021年8月の審査では，援助付き雇用の開始やESAT（福祉的就労施設）改革についても触れられている[13]．この援助付き雇用及びESAT改革に

---

11) AAHに関しては見直しがあり，2023年より配偶者の収入が考慮されなくなる．これによりAAHの受給要件と受給額に影響がある．Loi n° 2022-1158 du 16 août 2022 portant mesures d'urgence pour la protection du pouvoir d'achat.

12) Revenu de solidarité active, RSA. この手当は，社会参入最低所得手当（revenu minimum d'insertion, RMI）に代わり登場した貧困世帯向け手当.

13) Ministère des solidarités, de l'autonomie et des personnes handicapées, Observations finales du

ついては後述する.

　総括所見の中で最も問題となりうるのは，やはりシェルタード・ワークショップの段階的廃止に関する言及であろう．障害者の労働及び雇用の権利に関する一般的意見第 8 号（2022 年）[14] Ⅵ（i）においても「資源，時間枠及び監視メカニズムを伴う具体的な行動計画を採択することで，シェルタード・ワークショップを含む分離された雇用を速やかに段階的に廃止し，開かれた労働市場への移行を確実にすること」という文言がある．これに関して管見の限りでは，フランス政府の公式見解等は見当たらない．しかしながら福祉的就労施設の廃止に対して批判的な意見を表明している研究者も存在する．研究者であり ANDICAT[15] の設立者である Zribi[16] は，こうした施設の閉鎖は利用者を家に閉じ込めるだけであり，保護者の負担も大きいと指摘している.

　2016 年以降の権利条約を中心とした国際的な要請のなかで，フランスも大きな改革を行う必要があったと言えるが，その方向性については批判もあり，いまだ議論が熟しているとは言いがたい[17].

(2) 2018年法と障害者政策

　次節以降では，一般就労，援助付き雇用，社会的企業（適合企業），そして福祉的就労（ESAT）について扱うが，2018 年以降の現況をまず把握していきたい.

　2018 年法（Loi n° 2018-771 du 5 septembre 2018）は障害者政策だけでなく，職業訓練や失業保険の適用範囲拡大，男女平等やハラスメント防止，外国人派遣労働者の保護などを含む総合的な労働法改革である．障害者政策に関する改革については後述するが，これに沿っていくつかの改革がなされた.

　概要を述べると，1）それまで煩雑であった雇用率の計算方法が単純化された．2）障害労働者認定の条件が緩和された．3）5 年ごとに 6% の雇用率が維

　　Comité des Droits des personnes handicapées : la France réaffirme sa pleine mobilisation pour garantir l'accès aux droits des personnes handicapées, 14.9.2021, https://handicap.gouv.fr/observations-finales-du-comite-des-droits-des-personnes-handicapees-la-france-reaffirme-sa-pleine（2024 年 7 月 10 日最終閲覧）
14)　Nations Unies, CRPD/C/GC/8.
15)　Association nationale de directeurs et cadres d'ESAT（全国 ESAT 管理運営者協会）.
16)　Gérard Zribi, Supprimer les ESAT retirerait un droit au travail, Actualités sociales hebdomadaires, 3261, 2023, pp. 12-13.
17)　フランスのみに関わる事柄ではないが，国際的な大きな流れに従いつつ，当事者の不利益にならない方策を模索する必要があるだろう.

持ないし増加の方向で見直される．4）納付金計算方法及び徴収システムが変更された．5）「特別な適性を要する雇用」（emploi exigeant des conditions d'aptitudes particulières, ECAP）[18] が変更された．5）労働協約による免除措置期間が限定された．

　計算方法詳細に関しては後述の「6．一般就労」に譲るが，2018年法で大きく改革されて点として，みなし雇用の廃止が挙げられる．

（3）みなし雇用の廃止による変化

　みなし雇用は適合企業，ESAT，障害者独立自営業者への発注が雇用率に含まれるとする制度である．2018年法による改定までは，一般企業は自社の雇用率（法定6%）の半分までは外注により補うことができた．ESATや適合企業の主な顧客は民間企業であり（78%），半分以上は中小企業と零細企業である（全体の54%）[19]．外注の対象としてサービスも重要な商品である．ESAT及び適合企業の障害労働者のうち，22%は顧客企業での労働を行っている[20]．こうした企業内授産は壁の外のESATと呼ばれ，単純な製品の購入よりも人的サービスの購入（役務供給契約）に優遇措置があった．みなし雇用などの措置により，ESATも適合企業も外部とのつながりを保ち，利益をあげ，ある程度の事業性を確保してきた．ESATと適合企業の経常収支に関する表を引用しておく（表1）．

表1　ESAT，適合企業の経常収支

	ESAT	適合企業	ESAT，適合企業
損失5万€以上	9%	11%	10%
損失5万€未満	16%	12%	14%
相殺	7%	9%	8%
収益0-5万€	24%	27%	26%
収益5万-25万€	36%	26%	31%
収益25万-100万€	8%	15%	11%

出典：GESAT, Observatoire économique national des achats responsables auprès des
　　　prestataires ESAT et EA 2022-2023, p17

18）わが国の除外率制度に類似するものと考えられる．
19）GESAT（2021），GESAT, Observatoire économique national des achats responsables auprès des prestataires ESAT et EA 2022-2023, 2023, p. 14.
20）Ibid., p. 47.

ESAT, 適合企業ともに68%が経常収支プラスとなっている．その分布は，ESATも適合企業も経常収支プラス0から25万ユーロが最も多い．経常収支の点では，わが国におけるA型・B型事業所よりは，特例子会社に近いと言える[21]．

　なお，2018年法による改革の施行にコロナ禍が重なってしまったため，2018年法による改革の影響のみを抽出することは困難である．法施行前の2018年の総売上を施行後の2020年の段階を比較すると[22]，赤字となっている事業所は増加し，その分黒字の事業所は減少している[23]．しかし，これはコロナ禍の影響によるところが大きく，みなし雇用の廃止の影響だとは断定しがたい．2020年の調査結果によれば，「雇用義務制度の改革によって変化はあるか」という質問に対し，対象となったESATと適合企業の65%が「変化なし」と回答し，24%が「新規顧客があった」と回答，「発注が減少した」と回答したのは11%であった[24]．以上の結果からは，2018年法の改革にともなうみなし雇用の廃止によって施設への外注を見合わせた企業は多くはないと言える．2022年の調査では黒字の事業所の数はほぼ横ばいであったが，これはエネルギー及び原材料の高騰の影響であると分析されている[25]．

3．障害の定義とデータ

（1）定義

　障害の定義にあたっては国際的にはICF（国際生活機能分類）が参照されうるが，国によっても異なり，また一国内においても，観点によって異なって

21）野村総合研究所『障害者雇用及び特例子会社の経営に関する実態調査調査結果』（2018年）によれば，200万円から3000万円の利益を得ている特例子会社が53.3%で半数以上となっている．

22）GESAT, Observatoire économique national des achats responsables auprès des prestataires ESAT et EA 2018-2019, 2019, p. 15 ; Observatoire économique national des achats responsables auprès des prestataires ESAT et EA 2020-2021, 2021, p. 15.

23）2018-2019年の調査では赤字の事業所は11%であったが，2020-2021年の調査では27%となった．

24）GESAT, op.cit., 2021, p. 35.

25）GESAT, op.cit., 2023, p. 17.

62

くる.

　フランスにおける法律上の「障害者」と認められた者については，社会福祉・家族法典（以下，CASF）によれば，障害とは「肉体的，知覚的，知的，認知的，精神的機能のどれかないしいくつかの機能における実質的な，持続する，恒久的な悪化のために，または重複障害や疾病的健康障害のために，当該人の環境において被りうる，社会生活への参加に関するあらゆる制約や活動制限」[26] であり，これに該当する者が障害者とされる．すなわち機能低下によって社会生活において制約を受ける者ということになる．また労働法典には，「雇用を得て，これを維持する可能性が肉体的，知覚的，知的，精神的機能のいずれか，ないし複数の機能の悪化によって減退したあらゆる人は障害労働者と考えられる」[27] とあり，機能低下によって労働に制約を有する者は障害労働者とされる．

　しかしながら実際の障害者の定義，対象は法的な定義によって完全にカバーできるわけではない．実際的な状況を把握するためには統計調査が参照しうる．フランスにおける障害に関する統計は主に二つのアプローチによってなされる．第一に一般人口を対象とした調査，第二に行政支援の受益者数の調査である．

　一般人口を対象とした統計としては1999年に国立統計経済研究所（Institut national de la statistique et des études économiques, INSEE）によって行われた「障害」に関する全国実態調査（HID調査）[28] が存在する．ヴェルシュ，大曽根[29] が指摘するように，この調査では障害をどのように定義するかによって結果に幅があり，障害者手当や障害年金の受給者に限ると4%超であるのに対し，少なくとも1つの機能上の障害をもつが，必ずしも支援が必要とは限らないと答えた人々を含めると42%まで増加する[30]．

　HID調査以降のデータは，INSEEによる2008年の調査がある[31]．この調査に

---

26) CASF, L. 114.
27) C. trav., L. 5213-1.
28) Cécile Brouard, Pascale Roussel, Handicap en chiffres,DREES, 2005 ; Isabelle Ville, Jean-François Ravaud, Alain Letourmy, Les désignations du handicap : des incapacités déclarées à la reconnaissance administrative, Revue française des affaires sociales, n° 1-2, janvier juin, 2003. なお HID とあるのは, Handicap – Incapacités – Dépendance（障害・能力低下・自立）の略である．
29) ヴェルシュ，大曽根・前掲65-68頁.
30) ヴェルシュ，大曽根・前掲66頁.
31) DREES, INSEE, Enquête handicap-santé, volet ménage, 2008, ヴェルシュ，大曽根・前掲67頁.

よると，機能上の制限がある者は成人の20.5%，健康上の理由による6か月以上の制限がある者は9.6%，日常生活活動における制約がある者は7.5%であった．これら3つのグループが完全に重なるわけではなく，一義的に障害者を定義することは困難である．こうした調査はINSEEが主体となり行われていたが，この調査以後は調査研究政策評価統計局（Direction de la recherche, des études, de l'évaluation et des statistiques, DREES）が主体となり，現在は「自立」に関する調査として実施されている[32]．また最近の統計ではGALI指標[33] も用いられている．この指標は単一的設問により6か月以上の慢性的な健康問題による社会的制約のある者を同定するものであり，国際的な比較も可能にしている[34]．

2021年の日常生活と健康調査（enquête vie quotidienne et santé, VQS）の結果によると，施設に入居していない15歳以上のおよそ680万人（12.5%）が身体，感覚，または認知の機能のいずれかで重度の制限を持っており，GALI指標上は約340万人（6.2%）が少なくとも6か月以上，健康上の問題により日常活動において強く制限されている．上記の基準のうち少なくとも一方に該当する者は764万人にのぼり，同年代の全人口のおよそ14%に及ぶ[35]．

また別の視点，たとえば行政に関するデータから障害をもつ者について数値化することもできる．DREES[36] による障害の行政的区分は以下のとおりである．

・障害者権利自立委員会（Commission des droits et de l'autonomie des personnes handicapées, CDAPH）に認定された労働者

32）DREES, Les données statistiques sur le handicap et l'autonomie, 11.2.2021, https://drees.solidarites-sante.gouv.fr/ressources-et-methodes/les-donnees-statistiques-sur-le-handicap-et-lautonomie ; Le dispositif d'enquêtes « Autonomie » (2021-2025), 10.7.2021, https://drees.solidarites-sante.gouv.fr/sources-outils-et-enquetes/le-dispositif-denquetes-autonomie-2021-2025（2024 年 7 月 10 日最終閲覧）

33）Global activity limitation indicator.

34）野村総合研究所「V. 障害者統計の国際的な動向の把握」『令和元年度障害者統計の充実に係る調査研究事業 報告書』(2020 年) 212-221 頁．

35）DREES, Enquête Vie quotidienne et santé 2021 - Données détaillées, 10.2.2023, https://data.drees.solidarites-sante.gouv.fr/explore/dataset/enquete-vie-quotidienne-et-sante-2021-donnees-detaillees/information/（2024 年 7 月 10 日最終閲覧）上記において視覚，聴覚，歩行，集中，決断，コミュニケーション等，多様な項目での困難性のデータがある．DREES, Le handicap en chiffres 2023, 2023, pp. 8-11 ; Marie Rey, En France, une personne sur sept de 15 ans ou plus est handicapée, en 2021, DREES, Études et résultats, n° 1254, février 2023.

36）DREES, op.cit., 11.2.2021, Cartographie format, Annexe 2.

第3章　フランスの障害者雇用と福祉

- 労災及び職業病の犠牲者で10%以上の永続的障害があり年金を受ける者
- 労働能力が少なくとも3分の2低下している障害年金の受給者
- 傷痍軍人及び戦争犠牲者法典 L. 241-2 条に言及される者
- 傷痍軍人及び戦争犠牲者法典 L. 241-3 条及び L. 241-4 条に言及される者
- 有志消防団の疾病事故に対する社会保障に関する法律[37]に定義される条件による給付や障害年金の受給者
- モビリティ・インクルージョン・カード（障害注記）の所持者（社会福祉・家族法典 L. 241-3 条）
- 成人障害者手当（AAH）の受給者
- 傷痍軍人及び戦争犠牲者法典 L. 241-5 条及び L. 241-6 条に言及される者
- 労働法典 L. 323-5 条第3項に言及される復帰した公務員
- 労働法典 L. 323-5 条第4項に言及される一時的障害給付を受ける公務員
- 障害補償給付（PCH），介助者補償手当（allocation compensatrice pour tierce personne），障害児教育手当（AEEH）受給の権利を有する者

　行政的支援制度の利用状況については，県障害者センター（maison départe-mentale des personnes handicapée, MDPH）が窓口となる成人障害者手当（AAH）は2021年末時点で125万人が受給しており，これは同年の20歳以上の人口の2.4%に相当する．受給者数の増加は続いているが，その増加率は前年よりも低い．この15年間で，受給者数は半分以上増加している．配偶者や扶養している子供を含めると，2020年末時点で180万人がAAHの対象となっており，これは20歳以上の人口の2.7%に相当する．受給者の4分の3は成人単身者として手当を受け取っており，その大多数は子供がおらず，この単身受給者のうち，約2割が一般企業またはESATで働いている．受給者の4分の1がカップルであり，その約半数はどちらの配偶者も働いていない．約3分の1のケースでは障害のない配偶者だけが働いている．残りの15%はAAH受給者が働いており，うち3分の2は配偶者も働いている．
　受給者の70%は40歳以上であり，47%は50歳以上である．また受給者の52%は障害率が80%以上である．障害率80%以上の受給者は他の受給者よりも高齢の傾向があり（21%が60歳以上，障害率80%未満の受給者では8%），

---

37) Loi n° 91-1389 du 31 décembre 1991.

これは障害率80％以上の受給者は退職年齢を過ぎてもAAHを受け取り続けることができるためと分析されている．また障害率80％以上の者は障害率80％未満の受給者よりも単身で子供がいないことが多いとされる（77％，障害率80％未満では68％）．80％以上の障害率を持つ受給者の35％がAAHのいずれかの補足的手当（MVAまたはcomplément de ressources）を受け取っている．2020年末にはAAH受給者の12％がポール・アンプロワ（現フランス・トラヴァイユ）に登録されており，こちらは障害率80％未満の受給者が多い[38]．

　同じくMDPHが窓口となる障害補償給付金（PCH）については，2020年末時点で347,100人が受給している．2020年にはPCH受給者数が再び増加し（+4.2％），2006年以来最も低い年間増加率ではあるものの，依然として増加が続く．一方，PCHの旧制度である第三者補償手当（allocation compensatrice pour tierce personne, ACTP）の受給者数は5.6％減少し，2020年末時点で51,900人である．全体として，ACTPまたはPCHの受給者数は2006年と比較すると約3倍に増加し，2005年末の138,300人から2020年末の399,000人に増加した．PCH及びACTPの受給者の割合は年齢によって大きく異なり，15〜19歳の間で1,000人中2.3人だった受給者数が，20〜24歳では4.6人に倍増する．これは障害児教育手当（allocation d'éducation de l'enfant handicap, AEEH）が20歳以降は支給されず，その受給者がPCHに移行しなければならないためであると分析される．PCH及びACTPの受給率は55〜64歳の間で最も高く，1,000人中13人となる．その後，この割合は75歳以上で1,000人中1.6人まで減少する．これは，60歳以降に障害を持つようになった人々がPCHの対象外となり，代わりに高齢者自助手当（allocation personnalisée d'autonomie, APA）の対象となること，そしてPCH及びACTPの受給者の一部がAPAに移行することが理由とされる[39]．

　PCHは5種類の用途が用意されているが，2020年には，その94％が人的支援に充てられ，3％が住宅や車両の改修や輸送関連の追加費用，1％が技術支援に充てられた．特別支援・例外的支援が2％を占め，動物補助（盲導犬や介助犬に関する費用）はこれらの支出のわずか0.03％に過ぎない．

　社会的扶助であるAAHと異なり，社会保険である障害年金については，

38）DREES, op.cit. (Le handicap en chiffres 2023), 2023, pp. 74-75.
39）Ibid., pp. 76-77.

2020年末時点で831,000人が受給している．うち708,000人が一般制度の受給者である．年齢別の受給者数は老齢年金に切り換わる61歳をピークとして上昇する．新規受給者の平均年齢は一般制度で52.4歳となっている[40]．

　労働に関連する2021年の調査データを挙げるならば，フランス全体の15歳から64歳の被用者2,730万人のうち，110万人（被用者全体の4.0%）が障害に関する行政認定を受けている．上記の障害が行政的に認定されている者における労働力人口（雇用されているか失業中）は44%であり，同年代の全体の労働力人口である73%と比較して大幅に低く，逆に失業率は全体が8%であるのに対し，障害が認定されている者は15%にのぼる．パートタイム労働する者は全体では17%程度であるが，障害認定を受ける者は34%である[41]．

　2021年には，628,800人の障害労働者が障害者雇用義務のある107,900の企業（民間企業及び商工業的公施設法人[42]）で雇用されており，年間で421,900人のフルタイム換算に相当する．フルタイムあたりの直接雇用者の雇用率は4.5%[43]で，期待値5.6%と比較し8割達成している．雇用義務を達成している企業は29%であった．企業の規模が大きくなるにつれて直接雇用率も上昇する．従業員が20～49人の企業では3.3%であったのに対し，250～499人の企業では4.5%，従業員が2,500人以上の企業では6.1%である．企業の規模に関係なく，2020年から2021年にかけて直接雇用率は上昇しており，小規模企業での上昇率がやや顕著である．また直接雇用率は，企業の業種によって大きく異なる．2021年には，情報通信業では2.8%，企業向けサービス業では3.4%であったのに対し，製造業では5.4%，公共行政，教育，保健及び社会福祉では5.7%であった．製造業では50歳以上の雇用義務制度受益者の割合が，情報通信業（49%）に比べてはるかに高い（59%）[44]．なお同年の公的部門については，255,859人の障害労働者が雇用率の対象となり，その直接雇用率は5.44%であった[45]．

40) Ibid., pp. 80-81.
41) DREES, op.cit. (Le handicap en chiffres 2023), 2023, pp. 62-63.
42) Établissement public à caractère industriel et commercial, EPIC. 雇用率制度上はAGEFIPHの管轄となる．
43) 50歳以上の1.5カウント含む数字である．それを除いた実雇用率は3.5%であった．Marc Collet (DARES), L'obligation d'emploi des travailleurs handicapés en 2020 et 2021 Un taux d'emploi direct de 3,5% en 2021, DARES Résultats, n° 54, novembre 2022.
44) DREES, op.cit. (Le handicap en chiffres 2023), 2023, pp. 64-65.
45) FIPHFP, Rapport d'activité et de gestion 2021. なお50歳以上に対する1.5カウントは民間部門と異なり採用（または受益者認定）初年度のみ行われる．

障害認定を受けている人々の職種には偏りがある．2016年から2018年の平均で，障害認定を受けている者の雇用の37％が最も一般的な20種類の職業に集中しているのに対し，認定を受けていない者の場合は25％にすぎない（民間部門と公的部門の合算）．資格が要求される職位は非常に少なく，認定を受けている者のうち管理職に就いているのはわずか8％である（障害認定を受けていない者は18％）．公的部門においては障害認定を受けている者の44％がサービス職員等であり（障害認定のない者は28％），特に行政補助職員やサービス係，職工や職人のポジションにおいて顕著である．民間部門においては障害認定を受けている者が管理職についているケースは6％にとどまり，一般では16％である．公的部門と同様に職工・職人のような非熟練労働者として働く障害者の比率は6％で一般の3％よりも高い[46]．

(2) 障害者のための重要な2つの社会的扶助：成人障害者手当（AAH）と障害補償給付（PCH）

A．AAH

AAHとPCHについては少し詳しく述べておく必要があろう．AAHの根拠法は社会保障法典（以下，CSS）L. 821-1条からL. 821-8条，R. 821-1条からR. 821-9条，D. 821-1条からD. 821-11条である．20歳以上[47]の障害率80％以上の者に対して収入条件に基づき支給される最低所得保障である．2023年9月までは，夫婦の場合，所帯全体での所得上限が設定されていたが，2023年10月から配偶者の収入が考慮されなくなった（所帯全体での所得は考慮されない）[48]．ただしこの改革により受給要件を失う，ないし減額される場合には過渡的措置として旧制度を適用することが認められる．2024年の所得上限は年間12,193ユーロである[49]．基本的にこの所得上限と控除後の所得の差額が支給される仕組みとなっている[50]．

AAHは，県障害者センター（maison départementale des personnes handicapée,

---

46) DREES, op.cit. (Le handicap en chiffres 2023), 2023, pp. 66-67 ; Valérie Bernardi, Bertrand Lhommeau (DARES), Quelles sont les spécificités des professions occupées par les personnes handicapées ?, DARES Analyses n° 31, septembre 2020.
47) 家族状況により，16歳以上に付与されることもある．
48) Loi n° 2022-1158 du 16 août 2022.
49) AAH満額相当．さらに扶養する子ども1人ごとにAAH半額相当，つまり6,096ユーロが加算される．
50) CSS, D. 821-2.

MDPH）の多職種連携チームによる判定を経て障害者権利自立委員会（Commission des droits et de l'autonomie des personnes handicapées, CDAPH）が決定し，家族手当金庫（Caisse d'allocations familiales, CAF）または農業社会共済（Mutualité sociale agricole, MSA）から支給される．

　障害率が80％以上の場合に受給資格が得られ，1年から10年間ないし生涯にわたり継続する[51]．障害率が80％未満50％以上の場合には，所得が定められた上限を超えず，「雇用アクセスが実質上，かつ永続的に減少している状態[52]」と認定されれば，通常1年から2年間受給できる[53]．

　給付金額は2024年4月1日時点で月額1,016.05ユーロ（満額）であるが，一般企業で働いている場合には，控除後の給与額の分，減額される[54]．その支給額は四半期ごとに計算される[55]．福祉的就労施設（ESAT）で就労をしている場合には，控除後[56]の保障報酬・AAH合計額は最低賃金相当である1,766.92ユーロ（2024年，扶養家族なしの場合）を超えない[57]．超過した分の給付はカットされる[58]．ESATでのみ就労している場合は就労していない場合と同様に，支給額については2年前の収入が基準となる[59]．

　障害率80％以上で一定の条件を満たす場合には，所得補足手当（CPR，旧制度）か自立生活加算（MVA）を追加することができる．MVAは独立して住宅に住み，住宅手当を受けていること，AAHを受給していること[60]，職業的性質の活動による収入がないことが条件となる[61]．CPRは179.31ユーロ，MVAは104.77ユーロが月額として支給される[62]．

---

51) CSS, R. 821-5.
52) Réduction substantielle et durable de l'accès à l'emploi, RSDAE. CSS, D. 821-1-2.
53) 状態によっては1年から5年の期間が認められることもある．
54) 最低賃金月額の30％（456.96ユーロ）以下の就労所得に対して80％が控除され，それ以上の就労所得に対しては40％が控除される．CSS, D. 821-9. なお，就労開始から最大6か月は所得条件の適用対象外となる（就労所得の全額控除）．
55) CSS, R. 821-4-1.
56) 保障報酬のESAT負担分の額により，3.5％から5％までの所得に対する控除がある．CSS, D. 821-10. 保障報酬については本章7. 福祉的就労施設での就労 参照.
57) CSS, D. 821-5.
58) かつてはこの基本額の他に，当該者の労働能力が5％未満の場合には所得補足手当（complément de ressources）が支払われた．しかし2019年12月にこの手当は廃止され，自立生活加算（majoration pour vie autonome, MVA）に統合された．
59) CSS, R. 821-4. ただし新規に入所の場合等，対象年度が存在しない場合は月当たりの職務助成金額に12を掛けたものが用いられる．CSS, D. 821-10.
60) あるいは障害年金を補足する手当である障害補足手当（allocation supplémentaire d'invalidité, ASI）を受給していること．CSS, L. 821-1-2.
61) CSS, L. 821-1-2, R. 821-5-1.
62) CSS, D. 821-3.

障害率50%以上79%以下の者は退職年齢で受給対象外となるが[63]，障害率80%以上の者はAAHを継続して受給することができ，老齢年金がAAH満額に満たない場合，AAHが部分的に支給され差額が補填される．なお，退職年齢を経過しても職業活動を継続する者もAAHが受給可能となった[64]．

上記のように機能的評価により障害率80%以上の場合はAAHが認定されるが，50%以上80%未満の場合には，「雇用アクセスが実質上，かつ永続的に減少している状態」（RSDAE）を評価してAAHが認定される．これはAAHの認定が医学モデル（障害率）だけで判断されるわけではないことを意味しているが[65]，RSDAEの実務的なアセスメントにあたっては，「障害に起因する困難性であること」を同定することに重きが置かれ，WHOの国際生活機能分類に基づく個人と環境の相互作用に関する考慮はなされていないとの批判がある[66]．

統計によれば，2021年末時点で20歳以上の人口の2.4%にあたる125万人がAAHを受給しており[67]，その支出は112億6,300万ユーロに及ぶ[68]．AAH受給者の8割は単身者で，その大部分は子供がいない．受給者の70%は40歳以上で，48%は50歳以上，51%が障害率80%以上の者である．障害率80%以上の者の22%が60歳以上（障害率80%未満の者で8%）であり，障害率80%以上の受給者の3分の1は，2つの補足手当のどちらかを受け取っている．2021年末時点でAAH受給者の12%はポール・アンプロワ（現France Travail）に登録されており，障害率80%未満の受給者の方が多い（18%）[69]．

B．PCH

障害補償給付（prestation de compensation du handicap, PCH）については2005年の法律で，かつての第三者補償手当（allocation compensatrice pour tierce personne, ACTP）と職業補償手当（allocation compensatrice frais professionnels, ACFP）に代わるものとして創設された．これら旧制度の手当はそれぞれ介護

---

63) 高齢者連帯手当（allocation de solidarité aux personnes âgées, ASPA）に移行する．
64) Loi n° 2023-1322 du 29 décembre 2023 de finances pour 2024, art. 254. 関連のデクレが2024年12月1日までに発布される予定である．
65) 認定実務については DGCS, Guide pratique sur l'attribution de l'allocation aux adultes handicapés, 2017 が参照される．
66) IGAS, Le rapport 2019-2020 Handicaps et emploi, 2020, pp. 50-51, 212-213.
67) DREES, op.cit. (Le handicap en chiffres 2023), 2023, pp. 74-75.
68) DREES, Minima social et prestation social, édition 2023, p. 79.
69) Ibid., pp. 216-217.

費用と職業的活動に伴う費用の補償を目的としていた．2005年法の当初案では障害率80%以上を支給対象としていたが，具体的なニーズに見合っていないという批判を受け，生活の基本的活動における困難性を基準に支給することとなった[70]．

PCHは，社会福祉・家族法典L. 245-1条からL. 245-14条，R. 245-1条からR. 245-72条，D. 245-73条からD. 245-78条，Annexe 2-5に依拠する．主に県の財政から支出される障害者のための給付で，人的支援，技術的支援，住居整備支援及び交通支援，特別支援及び例外的支援，動物支援の5つの枠組み（それぞれ後述）があり，必要に応じて支払われる．

受給のための条件は，日常生活における活動[71]の1つに完全な支障（difficulté absolue）があること，あるいは活動の2つに重大な支障（difficulté grave）があること[72]であり，この状態が永続的であるか，少なくとも1年継続すると見込まれる場合である[73]．

また，20歳以下の子の場合，障害児教育手当（AEEH）を受給している必要がある．60歳以上の場合は，60歳に至るまでに受給条件を満たしているか，就労を継続している必要がある[74]．また前年の収入によって給付額は異なり，年収が28,621.40ユーロを超える場合には5つの支援カテゴリーそれぞれにおいて受給最大額が80%に減額される[75]．ただし，ここで考慮される年収には就労

70）永野仁美『障害者の雇用と所得保障』信山社（2013年）224頁．
71）可動性（起立，移乗，歩行，住居内外の移動，利き手で物をつかむ，利き手でない手で物をつかむ，小さな物の操作），セルフケア（入浴，排泄，着衣，食事），コミュニケーション（話す，聞く，見る，コミュニケーション機器の使用），一般的タスクと要請・他者との関係維持（時間感覚，空間感覚，安全確保，振る舞いを抑制する，複数のタスクを行う）に関わる20項目に分類される日常における活動である．CASF, Annexe 2-5に内容の詳細がリスト化されている．なおDécret n° 2022-570 du 19 avril 2022により，2023年1月よりリストに「複数のタスクを行う」「振る舞いを抑制する」が加わった．移動に関しては移送手段を用いた移動も含まれるようになった．
72）重大な支障は該当の活動がかろうじて達成される，通常に比較して損なわれた方法で達成される状態とされる．完全な支障は支援なしには活動が達成し得ない状態である．困難性のレベルの決定は，同年齢の健康な人がその活動をどのように行うかを基準に行われ，支援の有無にかかわらず，個人の機能的能力の分析によって決定される．機能的能力は，活動を実行するための身体的能力と，活動を開始または実行するための精神的，認知的，または心理的能力の両方を考慮して評価する．また，症状（痛み，不快感，疲労，遅れなど）が長期的に進行する場合には，困難が増大することも考慮される．未成年の場合には発達段階における同年代の通常の基準に則って評価される．
73）CASF, R. 245-4.
74）60歳以上の者はAPAが選択肢となる．CASF, L. 245-9.
75）基準となる年収額については，障害年金の第三者援助加算（majoration pour aide d'une tierce personne）年額の二倍と計算される．Arrêté du 28 décembre 2005 fixant les taux de prise en charge mentionnés à l'article L. 245-6 du code de l'action sociale et des familles.

所得，年金，成人障害者手当等給付は含まれない[76]．受給期間は，障害が永続的である場合には生涯にわたるが，そうでなければ最大10年とされる．社会保障制度から同様の給付がある場合には，その分の給付は減額される[77]．

補償給付は月ごとに行われる．ただし受給者本人に支払われる場合には，一括または最大3回に分割して受け取ることができる[78]．最初に月極支払いを選択した受給者が，一括または複数回の支払いに変更することもできる[79]．人的支援の支払いについては2か月分を超えないとされる．その他の支援の支払い合計は定められた最大10年の期間を超えず，また給付上限は超えない[80]．人的支援を除き，支払いは請求書の提出によって行われる．ただし自宅や車両の改修については，見積書の提出によって改修工事開始時よりその30%が支払われうる[81]．

PCHの認定アセスメントはMDPHの多職種連携チームが担う[82]．障害状況や負担状況に変化があった場合には再審査が行われる[83]．ニーズの決定は，活動の制限的要素（障害，環境等）と促進的要素（適性，保有技能，環境，実施済みの支援等）を考慮して行われる[84]．なお緊急性が認められる場合には，特別な申請により，15営業日以内に県議会議長において一時的な給付を決定することができる[85]．

---

76) CASF, L. 245-6, D. 245-45, R. 245-47, R. 245-48. なお，収入による減額の対象となった収入が支給されなくなった場合には見直しを求めることができ，見直しが認められればその申請の翌月初日から効力が発生する（CASF, R. 245-49）．

77) CASF, R. 245-40.

78) CASF, L. 245-13, R. 245-65.

79) CASF, D. 245-66.

80) CASF, D. 245-33.

81) CASF, D. 245-67.

82) CNSA, Guide des éligibilités pour les décisions prises dans les maisons départementales des personnes handicapées, 2013 ; CNSA, L'éligibilité à la PCH, 2013 ; CNSA, Accès à l'aide humaine, 2017. 全国自立連帯金庫（Caisse nationale de solidarité pour l'autonomie, CNSA）の財源はONDAMの枠内で疾病保険が多くを支出していたが，2021年より「自立」が「疾病」などと並ぶ社会保障（一般制度）の第5の部門として独立し，CNSAの財源が疾病保険から分離した．Loi organique n° 2020-991 du 7 août 2020 relative à la dette sociale et à l'autonomie ; Loi n° 2020-1576 du 14 décembre 2020 de financement de la sécurité sociale pour 2021. 現在の主な財源は一般社会拠出金（contribution sociale généralisée, CSG），自立連帯拠出金（contribution solidarité autonomie, CSA），連帯追加拠出金（contribution additionnelle de solidarité, CASA）などである．CNSA, Rapport annuel 2023, juin 2024, p. 61. CNSAの創設過程については永野・前掲（2013年）201-202頁．

83) CASF, D. 245-29.

84) CASF, Annexe 2-5.

85) CASF, R. 245-36.

永野が指摘するように，PCHの所得制限は極めて緩やかであるが，支給上限が存在し，個人負担が発生する可能性がある．こうした場合には，MDPHが管理する障害補償基金（Fonds départemental de compensation, FDC）により，基金の資金の範囲内という条件付きであるが，自己負担額が個人収入の10%を超えないよう調整されることがある[86]．

（a）人的支援

人的支援のための給付は次の場合に必要が認められる．すなわち，日常生活の基本的な行為の介助[87]，定期的な訪問，自立支援，職業活動や公選に関する活動の実施に付随する追加的費用，育児である[88]．支援内容ごとに利用最大時間数が定められており，生活の基本的な行為として，一日あたり入浴に70分，着衣に40分，食事に1時間45分，排泄に50分，住居内の移動に35分，社会生活参加（外出）のための人的支援に月30時間，義務教育を受ける者への人的支援には月30時間が割り当てられる．振る舞いの抑制と複数のタスクの実行に関する支援には定期的訪問と自立支援の時間が充てられる．定期的訪問（精神・認知等に障害がある者のための見守り）には一日あたり3時間，要常時介護者への定期的訪問に一日あたり24時間，自立支援（家事補佐）に一日あたり3時間が割り当てられる．職業活動・公選活動にかかるコミュニケーション支援（職業活動における追加費用）には年間156時間，育児支援には月15時間ないし30時間[89]が充てられる[90]．

これらの人的支援に対する給付を受けるためには，セルフケア（入浴，着衣，食事，排泄），移動，振る舞いの抑制，複数のタスク実行において完全な支障が1つ認められるか，重大な支障が2つ認められること，あるいは以上の

86）CASF, L. 146-5. また永野・前掲（2013 年）233 頁．なお，この自己負担額の上限については収入により変動するため，収入による差別ではないかとの批判がある．Sénat, Modalités de calcul du fonds départemental de compensation du handicap, Question écrite n° 10387, 16ᵉ législature, Question de M. JOLY Patrice (Nièvre - SER) publiée le 29/02/2024.
87）日常生活の基本的な行為はセルフケア（入浴，着衣，食事，排泄），移動，振る舞いの抑制，複数のタスクを行う，社会生活への参加，教育的必要性に分類される．
88）CASF, Annexe 2-5. なお CASF, L. 245-4 は，障害により生活の基本的行為に第三者の助けが必要な場合，あるいは定期的監視が必要な場合，また職業活動や選挙活動にあたり追加費用が生じる場合に人的支援が付与されることを明示している．職業活動における追加費用は，障害者個人に対する人的支援に関するものでなければならない（CASF, R. 245-6）．なお，職場における基本的行為の介助は自宅における介助と同様に扱われる（CASF, Annexe 2-5）．
89）対象の年齢により時間が定められる．単親の場合 50% 割増とされる．
90）CASF, Annexe 2-5.

事象または定期的訪問，自立支援にかかる家族の支援時間が1日45分以上であることが条件となる．

社会福祉・家族法典D. 245-9条に規定される障害補償給付に関する2022年4月19日のデクレ第2022-570号（Décret n° 2022-570 du 19 avril 2022）により，2023年からは自立支援が人的支援に加わり，とりわけ知的障害や精神障害をもつ者への支援が考慮されている[91]．

人的支援は，支援者のステータスによって第三者の直接雇用，委任方式，派遣方式，家族支援者に分類される．委任方式と派遣方式の違いは，委任方式では使用者は障害者自身であり，使用者としての事務は代理機関が行う．派遣方式の場合，サービス提供事業者が使用者となる[92]．配偶者や一親等内の扶養義務者は，家族支援者方式ではなく雇用方式をとることは基本的に認められないが，ほぼ常時の介護が必要な場合は例外とされる[93]．その他の家族の雇用は可能であるが，雇用のために老齢年金の権利を行使していないこと，職業活動をしていない，あるいは部分的にしかしていないことを条件としている[94]．家族が雇用される場合，被用者が後見人であれば，労働契約は代理後見人もしくは保護係争裁判官の指名する特別後見人との間で結ばれ，家族会議ないし保護係争裁判官の承認が必要である[95]．家族支援者は四親等以内であることが条件であるとされる[96]．

各支援者の料金額の算出には，直接雇用の場合，特定使用者と家事労働に関する全国労働協約に定められる生活支援員（assistant(e) de vie）C級の時間給の150%，治療関連の手技や吸引が必要な場合D級の時間給の150%が適用される．委任方式をとる場合，上記の金額の10%が増額される．派遣方式では，CASF, L. 314-2-1条記載の最低額を下回ることはなく，年次に決定される．家族支援者への補償は，最低賃金時間給の50%で計算されるが，職業活動を完全または部分的に停止している場合には75%で計算される．家族支援者への月額補償は家事労働に適用される週35時間の基準で計算された最低賃金時間

91）この新たな人的支援は1日3時間まで利用でき，生存に本質的な行為，定期的な訪問の場合とは重複できる．

92）永野仁美「フランスにおける障害者所得保障制度」山田篤裕ほか『公的年金制度の所得保障機能・所得再分配機能に関する検討に資する研究（21AA2008）』（2023年）120頁．

93）CASF, D. 245-8.

94）CASF, D. 245-8.

95）CASF, D.245-8.

96）CASF, R. 245-7.

給の85%を超えないとされる．ただし障害者に全面的な支援と常時またはほ
ぼ常時の介護が必要な場合，月額補償上限には20%の加算が適用される[97]．

　人的支援はMDPHの多職種連携チームの作成する個別障害補償プランに記
載され，時間数が明記される．支援者が職場で介入する可能性がある場合には
労働医の意見を求め，使用者の同意が確認される[98]．

　支援時間は，毎日の支援時間に365を掛け，年間の必要時間を計算し，この
時間に適用される時間単価を掛けて12で割ることで月額が算出される[99]．障害
者が第三者による介護費用を補償する目的で支給される社会保障の現金給付を
受けている場合，この給付金の金額分，人的支援の枠組で毎月割り当てられる
金額から差し引かれる[100]．支援者や料金の変更があった場合，変更のあった月
から支給額を再計算する[101]．

　当該の者が疾病保険や社会福祉の負担により入院または施設入所している
場合，従前に支払われていた人的支援補償額は10分の1に削減される（上限
と下限はアレテにより定められる[102]）．この措置は入院が連続45日以上に及ぶ
場合，または支援者を解雇して60日以上経過した場合に適用される[103]．次頁の
表2で人的支援を，表3で家族支援者への月あたり支給上限をそれぞれまとめ
た．

　また70デシベル以上の聴力障害に対しては，人的補償として月あたり30時
間分，478.14ユーロが定額給付される．視覚障害（矯正後の中心視力が通常視
力の20分の1以下またはゼロ）には月あたり50時間分，796.90ユーロの定額
給付となる[104]．デクレ（Décret n° 2022-570 du 19 avril 2022）に基づき，2023年
1月より視聴覚重複障害のケースに対して，表4が適用される．

---

97) Arrêté du 28 décembre 2005 fixant les tarifs de l'élément de la prestation de compensation
mentionné au 1° de l'article L. 245-3 du code de l'action sociale et des familles.
98) CASF, D. 245-27.
99) CASF, R. 245-41.
100) CASF, D. 245-43.
101) CASF, R. 245-63.
102) Arrêté du 28 décembre 2005 fixant les montants maximaux attribuables au titre des éléments de la
prestation de compensation.
103) CASF, D. 245-74.
104) CASF, D. 245-9. なお，その時間給は上述の全国労働協約における生活支援員（assistant(e)
de vie）A級の時間給の130%として計算される．Arrêté du 28 décembre 2005 fixant les tarifs
de l'élément de la prestation de compensation mentionné au 1° de l'article L. 245-3 du code de l'
action sociale et des familles.

表2　人的支援一覧（2024年7月現在）[105]

支援方式	時間当たり金額	計算方法
直接雇用	18.96€	全国労働協約における生活支援員（assistant(e) de vie）C級の時間給の150%
直接雇用（治療関連の手技や吸引が行われる場合）	19.71€	全国労働協約における生活支援員（assistant(e) de vie）D級の時間給の150%
委任方式	20.85€	対応する直接雇用料金の10%増額
委任方式（治療関連の手技や吸引が行われる場合）	21.68€	対応する直接雇用料金の10%増額
派遣方式	23.50€	CASF, L. 314-2-1記載の最低額
家族支援者	4.69€	家事労働に適用される手取り最低時給の50%
家族支援者（職業活動を完全または部分的に停止している場合）	7.04€	家事労働に適用される手取り最低時給の70%

表3　家族支援者への月あたり支給上限（2024年5月現在）

	金額	計算方法
月あたり支給上限	1,209.24€	家事労働に適用される週35時間の基準で計算された最低賃金時間給の85%
月あたり支給上限増額	1,451.09€	上記を20%増額

表4　視聴覚重複障害の場合の人的支援一覧（2024年5月現在）

		正常値に対する矯正後の中心視力または視野		
		1/10から3/10または20°から40°	1/20から1/10または10°から20°	1/20以下または10°以下
器具なしの平均聴力喪失	41から56dB	30時間（478.14€）	30時間（478.14€）	50時間（796.90€）
	56から70dB	30時間（478.14€）	50時間（796.90€）	80時間（1,275.04€）
	70dB以上	50時間（796.90€）	80時間（1,275.04€）	80時間（1,275.04€）

　育児に関する人的支援は個別に定額で認められ，子供が3歳未満の場合は月に30時間，3歳から7歳の間は月に15時間として算定される．すなわち子供が3歳未満の場合は900ユーロ，3歳から7歳の場合は450ユーロが月額一律で支給され，月あたりの必要時間の計算には含まれない[106]．複数の子供がある場

105) DGCS, Tarifs et montants applicables aux différents éléments de la prestation de compensation (PCH) à compter du 1er mai 2024 を基本として2024年7月時点の法令を参照し，著者が再構成した．
106) Arrêté du 28 décembre 2005 fixant les montants maximaux attribuables au titre des éléments de la prestation de compensation.

合，最も年齢の低い子供が基準となる．受給者が一人親家庭である場合，50%
増額される[107]．

（b）技術的支援

基本的には社会福祉・家族法典L. 245-3条2，3，4，5項に言及される障害補
償要件費用決定のための2005年12月28日のアレテ[108]に付属の一覧表に定めら
れた範囲内で，障害補償のための器具等の購入やレンタルに使われる．疾病
保険における償還可能給付製品リスト（Liste des produits et prestations, LPP）[109]
に記載されているかどうかで補償額が変動する．LPPにある製品は疾病保険で
カバーされ，その不足分が償還される．LPPにない製品は購入費用の75%が
償還される．割り当てられる総額は10年間で13,200ユーロである．LPPにあ
る製品で技術的支援が少なくとも3,000ユーロと評価される場合，この限度額
は社会保障による負担を差し引いた料金額で増額される[110]．別途，育児に関
する技術的支援として，子供の誕生時に1,400ユーロ，3歳の誕生日時に1,200
ユーロ，6歳の誕生日時に1,000ユーロが支給される[111]．

給付の権利の開始日は器具の取得日であり，申請の6か月前の1日に遡るこ
とができる[112]．また，その器具の取得は給付決定通知から遅くとも12か月以内
に行われる[113]．

疾病保険や社会福祉の負担により入院または施設入所している場合，施設
が通常の任務の枠内で提供しない技術的支援の必要性に基づき，CDAPHが金
額を決定する[114]．

（c）住居整備支援

活動への支障が少なくとも1年以上続くと見込まれる場合に支給される．10

---

107) CASF, Annexe 2-5.
108) Arrêté du 28 décembre 2005 fixant les tarifs des éléments de la prestation de compensation mentionnés aux 2°, 3°, 4° et 5° de l'article L. 245-3 du code de l'action sociale et des familles.
109) Assurance Maladie, La liste des produits et prestations – LPP, 1.3.2023, https://www.ameli.fr/medecin/exercice-liberal/facturation-remuneration/consultations-actes/nomenclatures-codage/liste-produits-prestations-lpp（2024年7月10日最終閲覧）
110) CASF, R. 245-42, Arrêté du 28 décembre 2005 fixant les montants maximaux attribuables au titre des éléments de la prestation de compensation. 該当のPCH給付が3,000ユーロ以上の場合（高額機器など）には，その分，受給可能最大額が増額される．換言するならこの分については上限13,200ユーロには算入されないということである．
111) Arrêté du 28 décembre 2005 fixant les montants maximaux attribuables au titre des éléments de la prestation de compensation.
112) CASF, D. 245-34.
113) CASF, D. 245-54.
114) CASF, D. 245-75.

年間で最大10,000ユーロの受給が可能である[115]. 1,500ユーロまでは全額, 1,500ユーロ以上は50%が補償される. 親族, また配偶者の親族[116]の家に住んでいる場合も考慮される. 住居整備に多額の費用を要する場合などの転居費用の支援として10年で3,000ユーロが準備されている. 住居適合化の必要性を審査するために, 申請者はMDPH多職種連携チームの提案に基づき, 複数の見積もりと説明文書を求められる[117]. 改修工事は給付決定通知から12か月以内に開始され, 3年以内の完了が求められる（受給者の意思に反する工期遅延に対しては1年の期限延長が認められる）[118].

申請の時点で入院, 施設入所をしている場合, AEEH受給者及び当該住宅に年に30日以上滞在する者の申請する費用が考慮される[119].

(d) 交通支援

定期的, または不定期の移動（旅行等も含む）に用いられる. 運転の場合, 障害に適合した運転席である旨注記された免許証が必要である[120]. 車両適合化の必要性のアセスメントのために, 申請者はMDPH多職種連携チームの提案に基づき, 複数の見積もりと説明文書を求められる[121]. 車両の改修は給付決定通知から12か月以内に行う必要がある[122]. 10年間で, 車両整備または交通費増加による追加費用に10,000ユーロが支給される[123]. 車両整備に1,500ユーロまでは100%補償され, それ以上の費用は75%が補償される. 第三者の輸送にかかる費用は75%が補償, またはキロメートルあたり0.5ユーロが補償される.

申請時において入院または施設入居の者, またはデイケアに通う者で, 第三者による輸送が必要, または往復50kmの移動が必要と認められる場合, 条件に応じて増額される. 移動距離や障害の重度に応じて, 例外的に規定金額を超えて付与する場合がある[124]. 自宅と職場の間, または自宅や常時あるいは

---

115) Arrêté du 28 décembre 2005 fixant les montants maximaux attribuables au titre des éléments de la prestation de compensation.
116) 4 親等までとされている.
117) CASF, D. 245-28.
118) CASF, D. 245-55.
119) CASF, D. 245-76.
120) CASF, D. 245-19.
121) CASF, D. 245-28.
122) CASF, D. 245-56.
123) Arrêté du 28 décembre 2005 fixant les montants maximaux attribuables au titre des éléments de la prestation de compensation.
124) CASF, R. 245-77.

第3章　フランスの障害者雇用と福祉

臨時の居住地から病院や社会福祉・医療社会福祉施設との間の移動による追加
費用の場合，第三者による輸送の利用，または50km以上の往復移動に対して
総額は2,4000ユーロまで増額される[125]．

（e）特別支援，例外支援

他の支援ではカバーされないような費用を補填する[126]．特別支援は恒常的・
定期的な目的（車椅子のメンテナンスなど）に，例外支援は一時的な目的（電
動ベッドの修理など）に使用される．特別支援は月あたり最大100ユーロ，例
外支援は10年間で最大6,000ユーロ支給される[127]．

申請時に入院している，または疾病保険や社会福祉の対象となる施設入所を
している場合，施設が提供しない任務に対する負担や，入院・入所中断期間中
に発生する負担を考慮して給付金額が設定される[128]．

（f）動物支援

盲導犬等にかかる費用の支援である[129]．盲導犬の教育や，動物と障害者との
適合期間等についてはCASF, D. 245-24-2に規定される．月払いの場合の定額料
金が定められている[130]．10年で最大6,000ユーロが支給される[131]．

次頁の表5は，上記b）～e）の支援をまとめたものである．

統計によれば2020年末時点で，347,100人が障害補償給付（PCH）を受給，
ACTP受給者数は51,900人であった．2020年の支出は，人的支援が94%，住宅
や車両の改造または交通に関連する追加費用が3%，技術的支援が1%，特定
及び例外的な支出が2%，動物支援（盲導犬と補助犬に関する費用）が0.03%
であった．PCHとACTPの受給者率は，55歳から64歳の間が最も高く，人口
1,000人あたり13人であった[132]．

---

125) Arrêté du 28 décembre 2005 fixant les montants maximaux attribuables au titre des éléments de la prestation de compensation.
126) CASF, D. 245-23.
127) Arrêté du 28 décembre 2005 fixant les montants maximaux attribuables au titre des éléments de la prestation de compensation.
128) CASF, D. 245-78.
129) CASF, L. 245-3, D. 245-24.
130) CASF, R. 245-42.
131) Arrêté du 28 décembre 2005 fixant les montants maximaux attribuables au titre des éléments de la prestation de compensation.
132) DREES, op.cit.（Le handicap en chiffres, édition 2023），2023, pp. 76-77.

表5 人的支援以外の支援一覧（2024年5月現在）[133]

	支援	最大支給額	期限	金額
技術的支援	一般	13,200€	10年	社会保障制度負担分の残りまたは価格の75%
	PCH給付3,000€以上	13,200€ + LPP控除後のPCH給付分		
住宅整備・交通支援	住宅整備	10,000€	10年	1,500€まで100%補償
				1,500€以上50%補償
				移転3,000€
	車両整備・交通費負担	10,000€または24,000€	10年	車両整備1,500€まで100%補償
				車両整備1,500€以上75%補償
				輸送に75%補償または0.5€/km
特別支援・例外支援	特別支援	100€/月	10年	技術的支援に同じ
	例外支援	6,000€	10年	価格の75%
動物支援	一般	6,000€	10年	50€/月

　また別の統計によれば2023年のPCHの支出（見込み）は26億4,700万ユーロで、うちCNSAの支出はおよそ9億ユーロ、県の支出はおよそ17億5,000万ユーロである。2021年の利用の支援別の平均額の内訳は、人的支援（月あたり）951ユーロ、技術的支援（随時）982ユーロ、住居整備支援（随時）3,458ユーロ、乗り物の整備（随時）2,582ユーロ、移動のためのコスト増（随時）1,151ユーロ、移動のためのコスト増（月あたり）153ユーロ、特別・例外支援261ユーロ、特別支援（月あたり）60ユーロ、例外支援（随時）595ユーロ、動物支援（月あたり）49ユーロであった[134]。

　PCHは障害者の就労における介助者の使用（人的支援）に充てることができ、そのため障害労働者に対する給付としても重要である。トイレで介助者が必要となる場合等のほか、仕事の場においても介助者が障害者に随伴することができる。PCHは社会的扶助であるが、後述するように納付金の管理運営機関であるAGEFIPHにも同様の支援があり、雇用の現場ではどちらも可能である[135]。この点においてフランスでは、雇用と福祉が連動していると言える。

---

133) DGCS, Tarifs et montants applicables aux différents éléments de la prestation de compensation (PCH) à compter du 1er mai 2024.
134) CNSA, Chiffres clés de l'aide à l'autonomie 2023, juin 2023, pp. 14-15.
135) AGEFIPHの人的支援は補完的である。本章4．一般就労3）AGEFIPHの支援 参照。

(3) 障害者の認定と基準

　また，障害の認定については制度横断的ではなく，対象となる補償，支援に応じて行われるという点も指摘しておく必要がある[136]．前項のAAH及びPCHに対する認定は別個に行われる．AAHでは第一段階で医学モデルによって認定され，基準に満たない者（障害率50％から80％未満）も労働における困難性を考慮して認定されることとされている．PCHは社会モデルにより，生活における困難性やニーズを考慮して認定される．また，雇用率制度上カウントされ，AGEFIPH等の各種支援を受けられるようになる労働障害者認定（reconnaissance de la qualité de travailleur handicapé, RQTH）も，自動認定によらない，個別に認定が行われる場合には障害の存在と職務等への影響を考慮して付与される．

4. 一般就労

(1) 雇用率制度

A. 制度概要

　歴史的には障害労働者の職業斡旋に関する1957年11月23日の法律第57-1223号（Loi n° 57-1223 du 23 novembre 1957），障害者のための指導に関する1975年6月30日の法律第75-534号（Loi n° 75-534 du 30 juin 1975），障害労働者の雇用のための1987年7月10日の法律第87-517号（Loi n° 87-517 du 10 juillet 1987），障害者の権利と機会の平等，参加，市民権に関する2005年2月11日の法律第2005-102号（Loi n° 2005-102 du 11 février 2005）等が存在し，発展してきた[137]．これらの歴史的経緯については先行研究に詳しい[138]．

　1957年法の以前から障害者のための作業所は存在し，支援が行われていた．

---

136) 山本創, 茨木尚子「障害の定義と法の対象」『障害者総合福祉サービス法の展望』ミネルヴァ書房（2009年）259-277頁.
137) この他，障害及び健康状態を理由とする差別を禁止する1990年7月12日の法律第90-602号（Loi n° 90-602 du 12 juillet 1990）を加えてもよいかもしれない.
138) 永野・前掲（2013年），ヴェルシュ，大曽根・前掲（2016年）.

条文への記載としては1953年11月29日のデクレ[139]及び家族福祉法典[140]L. 168条において，労働援助センター（centre d'aide par le travail, CAT）の設置が謳われている．CATは現在のESATの前身である福祉的就労施設（シェルタード・ワークショップ）であった．その後，1957年法で保護雇用の法的原則が定められ，保護作業所（atelier protégé, AP）制度が設定される．APは，現在の障害者のための社会的企業である適合企業の前身である．続いて1975年法では障害労働者所得保障制度（garantie de ressources des travailleurs handicapés, GRTH）及び職業指導・職業再配置専門委員会（Commission technique d'orientation et de reclassement professionnel, COTOREP）による進路指導，また障害労働者認定（reconnaissance de la qualité de travailleur handicapé, RQTH）等の導入が行われている．しかしながら1957年法施行後も雇用義務は形式的なものにとどまり，1987年法が雇用率未達成企業に対する納付金の支払いを規定したことにより，ようやく実効性を持つに至る．同時に，みなし雇用や労働協約締結による納付金免除制度等も導入され，納付金の管理運営団体であるAGEFIPHもこの時設立されている．そして，大きな改革となった2005年法では雇用率や納付金額の計算方法等を見直し[141]，公的部門の使用者にも納付金が賦課された．またGRTHは廃止され，保障報酬制度（rénumération garantie）となった．2005年法により現行制度の基本が完成したと言える．同時に公的部門の納付金管理運営団であるFIPHFPや県障害者センター（maison départementale des personnes handicapées, MDPH）[142]が設立され，CATとAPの改編（現行法ではそれぞれ，ESAT，適合企業）も行われた．2018年法については後述する．

　現在，障害者雇用義務制度は労働法典L. 5212-1条からL. 5212-17条に規定されている．関連する法令としてD. 5212-1条からR. 5215-1条が参照しうる．20人以上を雇用する使用者は契約形態に関わらず，全従業員の6%に当たる障害者を雇用する義務がある．使用者は毎年，雇用障害者数を申告し，不足については納付金を支払う．申告義務は全ての企業にあるが，納付金支払い義務

---

139) Décret n° 23-1186 du 29 novembre 1953.
140) Code de la famille et de l'aide sociale. 現在は社会福祉・家族法典（Code de l'action sociale et des familles）と呼ばれる．
141) 例えばいわゆる除外率制度であるが，特別の適性を要する職種（emplois exigeant des conditions particulières, ECAP）を雇用義務の対象人数の計算の際に，差し引くことはできなくなった．
142) COTOREPの就労等進路指導業務はCDAPH（及びMDPH）に引き継がれたが，MDPHは障害児の教育支援等も扱うあらゆる支援のワンストップ窓口である．

82

があるのは20人以上を雇用する企業である[143]．ただし，障害者雇用促進及び雇用維持のための数か年のプログラムを定めた労働協約（産業別，グループ別，企業別）を締結することにより，3年の間，雇用義務を果たしているとみなされる[144]．この期間は1度だけ延長が可能であり，最長6年とすることができる．

B. 対象となる障害者

雇用率の対象となるのは以下に該当する者である[145]．

- 社会福祉・家族法典L. 146-9条に定められるCDAPHに認定された障害労働者．すなわち障害労働者認定（reconnaissance de la qualité du travailleur handicapé, RQTH）保持者．
- 労働災害，業務上の疾病の犠牲者で，永続的障害率（IP）が10%以上の，一般制度あるいはその他の制度における義務的社会保障の年金受給者．
- 一般制度あるいはその他の制度における義務的社会保障の障害年金を受給しており，障害により労働・稼得能力が少なくとも3分の2以上減退している者．
- 傷痍軍人年金及び戦争犠牲者法典L. 241-2条が規定する退役軍人及びそれに類する者で，傷痍軍人年金の受給者．戦争犠牲者の寡婦や遺児（同法典L. 214-3条，L. 241-4条）．
- 有志消防団の疾病事故に対する社会保障に関する1991年12月31日の法律第91-1389号（Loi n° 91-1389 du 31 décembre 1991）が規定する有志消防団員で，任務中の傷病により障害補償のための給付や年金を受ける者．
- 社会福祉・家族法典L. 241-3条が規定する障害注記のあるモビリティ・インクルージョン・カード（carte mobilité inclusion, CMI）[146]の保持者．
- AAHの受給者．

上記の者が雇用率制度上の受益者（雇用率にカウントされる）となるが，こ

---

143) 起業後5年は免除される．
144) AGEFIPH, République française, ACOSS, MSA, Réforme OETH – Fiche n° 1-6, juillet 2019-mars 2021.
145) C. trav., L. 5212-13.
146) 公共交通利用の際の優遇，優先スペース使用等に必要となるカードである．

のうち障害者でない戦争犠牲者の寡婦や遺児を除いた者，すなわち労災年金受給者，障害年金受給者，障害注記CMI保持者，AAH受給者は，自動的に障害労働者（travailleur handicapé）として認定される．障害労働者と認定されることにより，福祉的就労施設を含む職業指導，職場における合理的配慮提供，AGEFIPHによる支援，援助付き雇用制度の利用などの優遇措置がある[147]．

　AAH受給者等についてはRQTHが自動的に認定されるが，それ以外の判定が困難な場合においても，MDPHの多職種連携チームによる個別の審査を経て，RQTHが付与されうる．労働法典L. 5213-1条に基づく障害労働者の定義である「雇用を得，これを維持する可能性が肉体的，知覚的，知的，精神的機能のいずれか，ないしいくつかの機能の悪化によって減退したあらゆる人は障害労働者と考えられる」という文言は，認定の実務上は「障害の範疇に入る機能不全がある」，「被用者または求職中である」，「求職又は雇用の維持において，機能不全の影響がある」の3つの条件に解釈されうる．障害とみなされるかどうかは医師の所見，病歴，重篤化の予測，合理的配慮提供状況等が考慮される．影響に関しては現在の要素（労働医の所見等），過去の要素（雇用率制度上の影響や職務整備等），将来的な要素（職業計画への影響等）が考慮される．実際には労働医の所見に反して，機能不全にかかわる影響があると判断される事例もある．また申請者の雇用を保護するため，または求職活動を支援する目的で，申請者に好意的な判断がMDPHによってなされる傾向があることが研究から判明している[148]．また，判定にはばらつきがあるが，判定者が医学モデルによるか，社会モデルによるかにより差異があるとの指摘がある．基本的には医学モデルが重視され，障害と環境との相互作用が考慮されることは稀であるとされている[149]．

　元来，RQTHはMDPHによる職業指導を伴うものであった（L. 5213-2条旧法）が，2018年法以降，この規定は何度か改定された．2018年法により永続的障害に対しては無期限とされ，2022年の3DS法（Loi n° 2022-217 du 21 février

---

147) C. trav., L. 5213-1 à L. 5213-2-2, L. 5213-6 et suivant, R. 5212-1-5 ; CSS, L. 821-7-3.

148) ANSA, Éclairer les pratiques d'attribution de la Reconnaissance de la Qualité de Travailleur Handicapé (RQTH), 2015, pp. 13-17, 66-68. (ANSA「障害労働者資格認定（RQTH）付与の詳細」NIVR『フランスにおける障害認定及び就労困難性の判定に係る実務関連資料』（2020年）63-147頁）新積極連帯センター（Agence nouvelle des solidarités actives, ANSA）は貧困問題や社会的包摂に関する調査，提言を行っている．

149) IGAS, 2020, op.cit., pp. 51-52, 66-67.

2022）では16歳以上の未成年者に対するRQTH自動付与の規定が加えられ，2023年の完全雇用のための法律（Loi n° 2023-1196 du 18 décembre 2023）において15歳から20歳までと改められた[150]．またこの2023年法では，従来の「この認定にはESAT，労働市場，または職業リハビリテーションセンターへの配属が伴う」という規定が削除されたことが重要である．これによりRQTHと職業指導が切り分けられ，さらに職業指導は雇用公共サービスであるフランス・トラヴァイユ（及びキャップ・アンプロワ）が担うこととなる[151]．これらの雇用公共サービスは，MDPHを通さずに既に認定されている障害労働者を一般企業や適合企業に斡旋できるようになり，また職業リハビリテーションや福祉的就労（ESAT）への指導についても，フランス・トラヴァイユの提案に基づき，多職種連携チームの判断を要せずCDAPHが決定できるようになった．

　RQTHの制度には課題も報告されている．IGAS報告書[152]ではRQTHの問題点として認定を受けた者だけが合理的配慮の対象であること，雇用において軽度障害の者が優先されやすいこと，職務に支障がない場合でも企業が取得を奨励することがあること，MDPHの事務的負担と決定の不均一，認定の忌避等を挙げ，RQTHと雇用率制度そのものの見直しが議論されており，今後抜本的な改革が行われる可能性がある．

C．2018年法による改革以前と以後

　歴史的にはそれまで実効性のなかった雇用率制度において，雇用率を達成していない企業に対して納付金を課したのが，1987年の法律である[153]．同時に雇用率も6％と定められ，対象となる企業は20人以上とされた．また納付金の運用機関として障害者職業参入基金管理運営団体（AGEFIPH）が創設された．福祉的就労機関等（現在のESATや適合企業）に仕事を外注することでその分を雇用率に算入するという「みなし雇用」の制度もまたこのときに作られたものである．

---

150) 15歳から20歳の若年者に対してはAEEH，PCHの受給または学校教育個別計画（projet personnalisé de scolarisation, PPS）の対象者となることを以て付与される．

151) CASF, L. 146-9, C. trav., L. 5312-1. 同時にL. 5212-13-1により，雇用義務対象者（L. 5212-13）のほとんどがRQTHと同等の権利を得るとされた．なおフランス・トラヴァイユとキャップ・アンプロワについては5）フランス・トラヴァイユ（France travail）とキャップ・アンプロワ（Cap emploi）で詳述する．

152) IGAS, 2020, op.cit., pp. 62-70, 193-213.

153) Loi n° 87-517 du 10 juillet 1987.

その後，2005年法[154]により，合理的配慮[155]という概念が初めて導入され，義務となった．また障害の定義がなされ，「肉体的，知覚的，知的，認知的，精神的機能のどれかないしいくつかの機能における実質的な，持続する，恒久的な悪化のために，または重複障害や疾病的健康障害のために，当該人の環境において被りうる，社会生活への参加に関するあらゆる制約や活動制限」[156]と法的に明記された点も注目される．広く障害を認め，労働が健常者と同様に，障害者にとっても基本的な権利とされた[157]ことからも，とりわけ労働による社会への統合を目指していたことがわかる．同法による他の変革としては，公的部門にも納付金が課されたことが挙げられる．この納付金を管理する団体が公的部門障害者職業参入基金（FIPHFP）であり，翌2006年に創設された．同年には障害者に関係する支援の一括窓口である県障害者センター（MDPH）も創設されている．また，障害者就労促進に関する労使交渉の義務化，最低賃金減額規定の削除も2005年法による変革として挙げられる．

　フランスにおける最近の改革は2018年の法律によるものである．これにより2020年からいくつかの点で変更が行われた．

- 煩雑だった雇用率の計算を簡易化した．
- 従業員20名以上の企業のみが雇用率制度の適用対象であったが，全ての企業に申告義務があるとされた（ただし納付金支払い等義務があるのは20人以上を雇用する企業である）．
- 事業所ごとの申告が可能であったが，企業ごとの申告となった[158]．
- AGEFIPHないしFIPHFPによる納付金の徴収には膨大な労力がかかってい

---

154) Loi n° 2005-102 du 11 février 2005.
155) 合理的配慮は1970年代アメリカが発祥だと言われており，英語で reasonable accommodation（合理的な便宜）である．健常者との公平性を担保するために，必要な便宜を図るということである．フランス語では mesures appropriées（適切な措置）や aménagement raisonnable（合理的な整備）と訳される．
156) CASF, L. 114. « Constitue un handicap [...] toute limitation d'activité ou restriction de participation à la vie en société subie dans son environnement par une personne en raison d'une altération substantielle, durable ou définitive d'une ou plusieurs fonctions physiques, sensorielles, mentales, cognitives ou psychiques, d'un polyhandicap ou d'un trouble de santé invalidant ».
157) CASF, L. 114-1. « toute personne handicapée a droit à la solidarité de l'ensemble de la collectivité nationale, qui lui garantit, en vertu de cette obligation, l'accès aux droits fondamentaux reconnus à tous les citoyens ainsi que le plein exercice de sa citoyenneté ».
158) C. trav. L. 5212-3.

たが，他の社会保障費の徴収と一本化したシステム[159]へと統合し，スリム化した.

- 雇用率は6%で固定ではなく，5年ごとに見直される（上方修正）[160].
- RQTHについては1年から5年の期限が1年から10年となり，永続的障害に対しては無期限とされた[161].

　上記以外の大きな変化は，保護雇用への外注分を法定雇用率にカウントするという意味でのみなし雇用が廃止されたことである．現行制度では，みなし雇用的制度は雇用率に算入されず，納付金の減額という方法で残存している.

　そして，従来から障害労働者雇用のための労働協約締結によって雇用義務が代替履行されるとされていたが，これに更新込みで最長6年の期限が設けられた[162]．また産業部門別，グループ別，企業，事業所で締結可能であったものが，個々の事業所ごとの締結が不可能となっている．協約は障害者雇用のための数か年計画の実施にかかるものであり，この数か年計画は雇用プランと雇用維持プランを含んでいる必要がある．この協約にかかる文書には，対象となる障害労働者数や雇用予定障害労働者数の記載が必要で，プラン実施のための経費も明記する．使用者による数か年プラン実施のための負担額は該当する年の納付金額と同額かそれ以上でなければならない．すなわち，本来納付金で納めるべき額を障害者雇用促進のための資金として用いることができる．またこの金額の25%以内であれば，一般従業員の障害に関する啓発，指導，調査等に用いることができる.

D．納付金の計算方法

　ここでは民間部門の納付金計算方法を簡単に紹介する．労働法典L. 5212-1条からL. 5212-17条，D. 5212-1条からR. 5212-31条が雇用義務制度に関する条

---

159) 社会保障・家族手当保険料徴収組合（Unions de recouvrement des cotisations de Sécurité sociale et d'allocations familiales, URSSAF）が社会保障関連申告ネットワーク（déclaration sociale nominative, DSN）を通して徴収する.
160) C. trav., L. 5212-2.
161) C. trav., L. 5213-2.
162) 労働協約締結による障害者雇用義務履行については C. trav., L. 5212-8, R. 5212-12 à R. 5212-19. URSSAF, Guide de l'OETH, 4.1.2023.

文であり，具体的な納付金の計算方法等はとりわけD. 5212-20条からD. 5212-25条が参照されるだろう．概要は次のとおりである．

まず，従業員総数は雇用期間及び労働時間を考慮した人員で，年あたりの平均を算出する．ただし援助契約労働者などは除外される．次に雇用義務対象障害者数を確認し，雇用期間と労働時間（年あたり平均）を考慮して雇用義務受益者[163]をカウントする．ここでは援助契約労働者なども含まれる．50歳以上の労働者は1.5人分として計算される[164]．また法定労働時間に対する労働時間及び12か月中における就業期間の割合に応じてカウントされるため[165]，短時間労働者等は労働時間に応じて計算されることとなる．以上から雇用義務不足数を算出する．

雇用義務人数（従業員の6%）－雇用している対象者数 ＝ 不足数

不足数をもとに，企業規模に応じて下記のように減額前の納付金額を算出する[166]．

20-249名企業　：最低賃金×400×不足数
250-749名企業：最低賃金×500×不足数
750名以上企業：最低賃金×600×不足数

上記の概算金額から各種減額がある[167]．

---

163) 主な受益者はC. trav., L. 5212-13の障害労働者に該当し，期間に関わらず労働契約を結ぶ者（C. trav., L. 5212-6）であるが，研修生（stage），職場体験期間の者（période de mise en situation en milieu professionnel, PMSMP），派遣労働者を含む（C. trav., L. 5212-7）．

164) フランスにおいては，2018年法の以前は「26歳未満・51歳以上」，「初めての障害労働者雇用」に対して1.5，「福祉就労転出者」，「長期失業者」，「障害重度認定者」についてダブルカウントであったが，2020年以降，長期失業の可能性が高い50歳以上の労働者のみ1.5カウントされる（公的部門の場合は初年度のみ）．小澤真「フランス2020年障害者雇用の変化：民間部門及び公的部門における改革」『職業リハビリテーション』第34巻No.2（日本職業リハビリテーション学会・2021年）2-11頁．

165) 2018年法以前は法定労働時間の半分以下の者は0.5，それ以上の者は1としてカウントされていたが，2020年以降，より細かく規定された（例えば法定労働時間の80%の者は0.8としてカウント，また12か月のうち6か月就業の場合，6/12を掛ける）．

166) 2019年までは200名が境であった．制裁的倍率は最低賃金×1,500（3年以上にわたり直接雇用，労働協約，外注最低賃金達成のどれもない企業に対して課される．4年間で600×最低賃金相当額を外注している場合は外注最低額達成と見なされる）．

167) 障害者就労施設等への外注による減額，必要経費に対する減額，特別な適性を要する雇用（ECAP）人員数による減額．障害者就労施設等はESATや適合企業の他に障害者独立自営業者も含む．これら施設・企業への外注による減額は，まず発注額から原材料費，中

第3章　フランスの障害者雇用と福祉

以上は民間部門の企業の納付金計算方法であるが，公的部門についてもほぼこれに準ずる方法をとっている．

(2) 労働契約

一般的な労働契約以外に，障害者雇用を推進するために多く用いられる労働契約として見習契約と職業化契約がある．どちらも AGEFIPH による支援があり，この契約の利用が促進されている．これらは交互契約（contrat en alternance）に分類され，訓練機関での教育と現場での職業訓練を交互に行うところに特徴がある．いわゆるデュアルシステムである．

A．見習契約（contrat d'apprentissage）[168]

有期または無期での雇用がある．一般労働者（非障害者）の場合には16歳以上29歳以下（場合により35歳まで延長可能）が対象であるが，障害労働者の場合はその限りではない．見習労働者は見習訓練センター（centre de formation d'apprentis, CFA）に登録し，センターでの教育を受けながら事業場での職業訓練を行う．期間は目指す資格により通常6か月から3年となるが，障害労働者の場合は4年目も可能である．センターでの教育は契約に記される合計労働時間の25%以上とされる．職場でのチューター（tuteur, maître d'apprentissage）が指導可能な人数は見習労働者2名及び留年者1名までとされている．

労働時間は他の労働者と同じく週あたり35時間であり，CFA での研修時間もこの時間に含まれる．このほか未成年の労働者の場合にはいくつか規則がつく．最低給与額（salaire minimum interprofessionnel de croissance, SMIC）は年齢と年次によって異なる（表6）．

間費用等を差し引いた障害者作業分総計額を算出し，その額の30%が控除される．ただし，上限が決まっており，雇用率3%を達成している企業は概算納付金額の75%，達成していない企業は50%までである．必要経費とは「雇用義務対象者に対し，企業の敷地のアクセシビリティを確保するための工事及び見積もりに関するもの」，「雇用義務対象者に対する雇用維持または転職支援のための人的，技術的，組織的支援に関するもの」，「雇用義務対象者の雇用維持のため，他の機関による従業員教育や対象障害者の支援に関するもの」である．ECAP はわが国の除外率制度に類似すると考えられる．C. trav., D. 5212-25 に記載の一覧表に該当する人員が対象となり，除外率対象人数× 17 ×最低賃金分の金額を納付金概算から控除する．

168) Service public, Contrat d'apprentissage, 1.1.2024. https://www.service-public.fr/particuliers/vosdroits/F2918（2024 年 7 月 10 日最終閲覧）C. trav., L. 6211-1 à L. 6227-12, D. 6222-1 à D. 6227-9.

89

表6　見習契約最低給与額

	16-17歳	18-20歳	21-25歳	26歳以上
1年目	SMICの27%	SMICの43%	SMICの53%かSMC[169]の53%の高い方	SMICの100%かSMCの高い方
2年目	SMICの39%	SMICの51%	SMICの61%かSMCの61%の高い方	SMICの100%かSMCの高い方
3年目	SMICの55%	SMICの67%	SMICの78%かSMCの78%の高い方	SMICの100%かSMCの高い方
4年目 (障害労働者)	SMICの70%	SMICの82%	SMICの93%かSMCの93%の高い方	SMICの100%かSMCの高い方

　給与の79%までは社会保険料等の徴収はなく，SMIC年額までは所得税徴収の対象とならない．また一般社会拠出金（contribution sociale généralisée, CSG），社会保障負債返済拠出金（contribution au remboursement de la dette sociale, CRDS）も免除される．

B．職業化契約（contrat de professionalisation）[170]

　見習契約よりも高次の訓練を目指す．有期契約，また無期の契約も可能である．16歳から25歳の若年者が対象であるが，26歳以上の求職者や，積極的連帯所得手当（revenu de solidarité active, RSA），特別連帯手当（allocation spécifique de solidarité, ASS），成人障害者手当（allocation aux adultes handicapés, AAH）などの受給者，また統一参入契約（contrat unique d'insertion, CUI）を結んでいた者も対象となる．無期契約の場合，最初の6か月から12か月に訓練が行われ，36か月まで延長が可能である．有期契約も，6か月から12か月の期間が定められるが36か月まで延長が可能である．

　訓練は教育機関または企業が請け負う．訓練にかかる時間は年間最低150時間で，契約に記される合計労働時間の15%以上25%以下とされるが，これを超過することも可能である．職場でのチューターは職業化契約労働者（見習

---

169) Salaire minimum conventionnel. 協約により合意された最低賃金.

170) Service public, Contrat de professionnalisation, 1.1.2024. https://www.service-public.fr/ particuliers/vosdroits/F15478（2024 年 7 月 10 日 最 終 閲 覧）；Contrat d'apprentissage et de professionnalisation : quelles différences ?, 7.9.2023. https://www.service-public.fr/particuliers/ vosdroits/F31704（2024 年 7 月 10 日 最 終 閲 覧）；Ministère de la santé et des solidarités, Contrat de professionnalisation, 22.5.24. https://travail-emploi.gouv.fr/formation-professionnelle/ formation-en-alternance-10751/contrat-de-professionnalisation（2024 年 7 月 10 日最終閲覧）C. trav., L. 6325-1 à L. 6325-25-1, D. 6325-1 à R. 6325-36.

労働者も含む）2名につき1名までとされる.

　最低報酬額は職業バカロレアまたはそれに準ずる資格より下位の学歴の場合に適用される.職業バカロレアレベルか,それに準ずる資格より上位の場合には割増率が適用される（表7）.

表7　職業化契約最低給与額

	学歴（職業バカロレア未満）	学歴（職業バカロレア以上）
21歳未満	SMICの55%以上	SMICの65%以上
21歳から25歳	SMICの70%以上	SMICの80%以上
26歳以上	SMIC以上またはSMCの85%高い方	SMIC以上またはSMCの85%の高い方

　労働時間は見習契約と同様,週あたり35時間であり,訓練にかかる時間もこれに含まれる.

(3) AGEFIPHの支援

　福祉的就労施設であるESATや障害者雇用の社会的企業である適合企業には職務助成（賃金補填）等があるが,一般企業にそのような大掛かりな助成はない.その代わり納付金の運用機関である障害者職業参入基金管理運営機関（Association de gestion du fonds pour l'insertion des personnes handicapées, AGEFIPH）からの助成が存在する.

　AGEFIPHは民間部門の雇用率にかかる納付金の管理運営を司る非営利社団である.Loi n° 87-517 du 10 juillet 1987によって創設された.

　AGEFIPHについては労働法典のL. 5214-1条からL. 5214-3条,R. 5214-19条からR. 5214-23条に規定されている.これによれば,基金は一般労働市場における障害者の職業参入のための方策を拡充することを目的とし,これの管理は賃金労働者,使用者,障害者及び専門家の代表によって運営される機関に委ねられる.AGEFIPHと政府間で3年ごとに目標に関する協定が結ばれる.基金はとりわけ,(1) 教育研修活動にかかる追加コストの補償と,企業内の関係者が受益できる改革及び研究にかかる活動への財政支援,(2) 障害労働者の職業キャリア保障を目的とする職業参入支援や継続的フォローアップ,また雇用維持に必要な方策,(3) 障害を持つ求職者に対する,資格取得またはその準備のための職業訓練活動への部分的ないし全的な財政支援,の3つに充てられる.

上記の活動は雇用義務制度の対象とならない零細企業や障害をもつ独立自営業者にも適用される[171].

　AGEFIPHの指導部（conseil d'administration）は使用者団体，労働者団体，障害者団体及び専門家から選出される．使用者団体[172]から5名，労働者団体[173]から5名，障害者団体[174]から5名が選ばれる．その他，使用者団体・労働者団体・障害者団体がそれぞれ1名ずつ指名する専門家と政府が指名する専門家2名を加える．この指導部はAGEFIPHの戦略，方針決定を担う．財務委員会，介入政策委員会，研究評価委員会，全国協約研究委員会，広報委員会，革新実験委員会を擁する．指導部とは別に執行委員会（comité exécutif）が置かれ，指導部の政策に従い，実務を担う．執行委員会は総務財政部，広報部，革新評価戦略部，社会経済界連携部，人事部，リスクマネジメント・法務部，キャリアセキュリティ部，情報システム部からなる[175].

　AGEFIPHは現在，およそ500名の職員を擁し，各地方に14の支部がある．AGEFIPHの発表による2022年の収入額は4億8,770万ユーロ（うち納付金徴収額は4億7,850万ユーロ），予算執行額は5億3,120万ユーロであった[176].

　このようにAGEFPHは民間部門の一般企業の障害者就労支援及び助成を行なっている．2018年法の以前は納付金の徴収にも大きなリソースを割いていたが，2020年以降はURSSAFの社会保障費徴収に統合されたため，支援が主要な任務となっている．なお，障害者雇用のための労働協約を締結している

171) C. trav., L. 5214-1 à L. 5214-3. なお，R. 5214-19条からR. 5214-23条の規定によれば，AGEFIPHは雇用を司る大臣により認可され，一般雇用への障害者の職業参入のために行った活動について評価し，レポートを提出するものとされている．当該年の納付金の分配計画及び前年の納付金の使途について遅くとも3月には雇用担当相に対して提出する．AGEFIPHと政府間の目標協定については，とくに，(1) 雇用と職業訓練に関する健常者向けの措置とAGEFIPHによる特別措置の間での一貫性に寄与する相互の取り決めと目標達成に必要な財政手段，(2) 雇用公共サービスと特定職業斡旋組織による介入の優先事項と基本原則に関する取り決めを行う．AGEFIPHとFIPHFPの間でも協働する協定が結ばれ，特定職業斡旋組織に対するそれぞれの債務が決定される．

172) CPME, MEDEF.

173) CFDT, CFE-CGC, CFTC, CGT, FO.

174) APF France Handicap, Confédération française pour la promotion sociale des Aveugles et des Amblyopes (CFPSAA), Fédération nationale des Accidentés du Travail et Handicapés (FNATH), Union des Associations nationales pour l'Inclusion des Malentendants et des Sourds (UNANIMES), Union nationale des Associations des Parents d'Enfants Inadaptés (UNAPEI).

175) AGEFIPH, L'Agefiph, une organisation conçue pour agir au plus près du terrain, 5.12.22. https://www.agefiph.fr/agefiph-une-organisation-concue-pour-agir-au-plus-pres-du-terrain/#:~:text=L'Agefiph%20agit%20sur%20les,et%20handicap%20de%20leur%20territoire. (2024年7月10日最終閲覧)

176) AGEFIPH, Rapport d'activité 2022, p. 10.

企業は最大6年，納付金の支払い義務が免除されるが，協約を結んでいる企業やグループ全体の雇用率が6％を下回る場合は，AGEFIPHの支援も制限され，キャップ・アンプロワやコメット・フランスの支援，援助付き雇用，AGEFIPHによるカウンセリング等支援，障害重度認定（RLH）は行われるが，それ以外の支援を受けることができない．6％の雇用率を達成している企業は支援を受けることができる[177]．

A．カウンセリング等支援

AGEFIPHが行っている助成や給付は後述するが，これらを除いたカウンセリング等の支援は以下となる[178]．

（a）キャップ・アンプロワ，フランス・トラヴァイユによる就職支援

使用者に対しては雇用公共サービスであるフランス・トラヴァイユやキャップ・アンプロワのカウンセラーを通して，障害者に提供可能な職務の調査，適合した就職プロセスの提示，候補となる障害労働者の事前選定と職務に合致した候補者の紹介，必要であれば財政的・技術的支援の提供，継続的なフォローアップ等が行われる．同様に求職者に対しても上記カウンセラーを通じ，障害者の状況の診断，職業計画の作成，教育・研修の提供，就職支援，企業への統合支援，継続的フォローアップが行われる．必要に応じて外部専門家の援助を求めることもある．

（b）キャップ・アンプロワによる雇用維持支援

雇用維持のための支援はフランス・トラヴァイユではなく，キャップ・アンプロワが管轄する．企業の労働医と協力し，法的枠組みや雇用維持の方法についてのカウンセリング，職務継続や配置転換のための状況分析や解決策の提示，他機関との連携による解決策の実行，可能な助成の利用，解決策の実施に関する継続的フォローアップが行われる．企業内で雇用継続が不可能な場合には転職等計画の支援，キャリアアップ等計画の支援，障害を考慮した新たな職業計画の作成と実施の支援も行われる．

（c）コメット・フランス（Comète France）

疾病保険，AGEFIPH，FIPHFPが出資する非営利社団（アソシアシオン）で

---

177) AGEFIPH, L'offre de services et d'aides financières de l'Agefiph, juin 2024, p. 6.
178) Ibid., pp. 34-43.

あり，各地に61の専門的リハビリテーション施設（病院内に設置）と450名以上の専門家を擁する[179]．治療段階にある者の社会復帰，復職支援を行う．対象者のニーズの把握，職業計画策定と実現可能性の見定め，雇用維持等のための計画の実施とキャップ・アンプロワなどへの引き継ぎを行う．

（d）起業及び事業引き継ぎのカウンセリング支援

キャップ・アンプロワ，フランス・トラヴァイユ，ミッション・ローカル[180]のカウンセラーの承認が必要であるが，AGEFIPHが委託する専門家の起業に関するカウンセリングや支援を受けることができる．必要であれば起業後のフォローアップも行われる．またマイクロインシュランスへ加入することができる．

（e）企業の障害者雇用カウンセリング支援

2,000人以下の企業は各地方のAGEFIPHが窓口となる．第一に障害者雇用に関する一般的情報，支援者，ツール，解決策等に関する情報の提供がなされる．第二に企業と共にニーズや問題点，利点，基本方針を分析し，適切なアクションプランを作成する．必要であればAGEFIPHが委託する専門家による診断も受けられる．第三にアクションプランを実行に移す支援を行う．企業内の従業員啓発，障害者雇用推進プロジェクトの実施，障害者雇用にかかる協約締結のための企業ポリシーの策定等の支援がある．

（f）援助付き雇用

近年公式に開始されたジョブコーチ制度である．県障害者センター（MDPH）を通して障害者自立権利委員会（CDAPH）が認可する他，キャップ・アンプロワ，フランス・トラヴァイユ，ミッション・ローカルといった雇用公共サービスがこの支援を決定することができる[181]．

（g）人間工学的調査

AGEFIPHまたはFIPHFPの支援を受ける資格のある民間及び公的部門の使用者，協約を結ぶ企業の場合には6%の雇用率を満たし，協約の措置を実行した使用者，また独立自営業者等が利用できる．この調査の実施を決定できるの

---

179) コメット・フランスへの出資は疾病保険（Assurance Maladie）56%，AGEFIPH 35%，FIPHFP 9%である．Comète France サイト https://www.cometefrance.com（2024年7月10日最終閲覧）参照．
180) ミッション・ローカル（Missions locales）は25歳までの若年者を対象とした雇用公共サービス．
181) 詳細については 5. フランスにおける援助付き雇用を参照．

は，キャップ・アンプロワ，フランス・トラヴァイユ，FIPHFPと協定を結ぶ管理センター，FIPHFPと協定を結ぶ公的部門の使用者，AGEFIPHと協定を結ぶ民間部門の使用者，企業間労働保健予防サービス（service de prévention et de santé au travail interentreprises, SPSTI）や独立労働保健予防サービス（service de prévention et de santé au travail autonome, SPSTA）[182]，年金・就業保全金庫（CARSAT），農業社会共済（MSA），AGEFIPH等である．すでにキャップ・アンプロワや労働保健予防サービス等の支援が入っており，なお障害労働者に職務不適応が認められる場合にこの調査による介入が行われる．使用者の性質や傾向を理解しながら，労働者の機能的・認知的・精神的能力などを考慮する．また，厳密に障害補償が必要かどうかの調査が行われ，具体的・現実的な解決策が提示される．

（h）視覚・聴覚・身体・知的・精神・認知障害特定支援

使用者やカウンセラーを対象とした支援で，障害種別ごとの専門家のカウンセリングにより，職業計画における障害の影響，補償手段を特定することができる．

（i）Inclu'Pro訓練

障害のある求職者，賃金労働者，独立自営業者，農業従事者等を対象とし，求職から雇用維持，転職まであらゆる段階の障害者がこの訓練の対象で，雇用，雇用維持，能力開発，資格取得，転職を目的とした訓練が施される．AGEFIPHに委託される機関によって支援が行われる．内容は職業計画の策定・検証，獲得されている汎用スキルの同定，基本的知識のアップデート，情報通信新技術に関するスキルアップ，障害を考慮した訓練等である．

（j）訓練を受けるための能力事前評価（PECF）

輸送，運転に関わる活動について，障害の影響を分析し，安全性を確保するための評価を行う．

　上記のようにAGEFIPHは，その支援の多くの部分を，キャップ・アンプロワやコメット・フランスといった専門的なノウハウを有する外部団体に資金

---

182) 労働医を擁する産業保健サービス．500人以下の企業は労働保健予防サービスへの加入，500人以上の企業は上記サービスに加入するか独立労働保健予防サービスを設置する義務がある．INRS, Organisation des services de prévention et de santé au travail, 19.6.2023. https://www.inrs.fr/demarche/services-sante-travail/organisation.html（2024年7月10日最終閲覧）

提供して委託する方法をとっている.

B. 財政支援

本節冒頭でも述べたように，福祉的就労施設であるESATや障害者雇用の社会的企業である適合企業には職務助成（賃金補填）等があるが，一般企業にそのような大掛かりな助成はない．その代わり納付金の運用機関であるAGE-FIPHからの助成が存在する.

AGEFPHは民間部門の一般企業の障害者就労支援及び助成を行なっているが，その助成内容は，障害者向け支援，企業向け支援，訓練機関向け支援の3つに分類される[183].

（a）障害者向けの支援
・障害者起業・事業継承支援金

当該障害者が主たる就業先となる企業の起業及び事業引き継ぎにかかる，事業開始のための資金援助である．専門家の指導を受けて起業または事業継承の計画書を作成した障害者が申請資格を有する．6,300ユーロが支給される．申請は登記前，または登記後6か月以内に行う必要があり，事前にAGEFIPH等の支援を受けていることが条件である．さらに申請者は，株式の過半数を所有していなければならない．なお，季節労働的事業，非営利社団，不動産事業，経済活動による社会編入支援組織[184]，事実上の会社[185]の起業及び事業継承は支援の対象とはならない．資本金は7,500ユーロ以上が条件で，うち1,200ユーロは助成等を除く個人資本でなければならない．申請時にプロジェクトの詳細，実現可能性（経済的，法的，技術的）や障害に必要な補償等の説明，専門家によるプロジェクトの持続可能性と財政計画の妥当性に関する意見書が必要である．事業の開始から12か月以内に事業の終了や売却等があった場合はAGEFIPHの支援金を返済しなければならない．また，この助成は更新できない.

---

183) AGEFIPH, op.cit., juin 2024, pp. 15-33.
184) 経済活動による社会編入（insertion par activité économique, IAE）の支援組織は営利を目的とせず，社会の利益のためになる活動への参画により，失業者の社会復帰を目指す団体である．園部裕子「フランスの社会的排除・失業対策と移住女性」香川大学経済論叢第85巻第4号（2013年）489-516頁.
185) 事実上の会社（société de fait）は，法的に適切に登録されていない事業者である.

第3章　フランスの障害者雇用と福祉

・障害補償移動支援金

　障害者が申請する，雇用に関する移動のための支援金である．持続的な移動困難性，医療・保健的状況に関わる一時的な困難性を考慮し，障害による移動のコスト増を補償する．具体的に持続的移動困難性の補償としては，個人の車両の特別装備，第三者である支援者の車両の特別装備，タクシーの利用，障害に適合した移動手段等である．医療的な状況に関する一時的な困難性の補償では，タクシーの利用，運転手付き車両や距離に応じた支援者への手当がある[186]．年間最大12,000ユーロが支給される．障害に適合した移動手段，タクシー，運転手付き車両に関する支援の更新は，個人の状況に鑑みて就労困難性を考慮して行われる．車両の設備等支援については，5年を目処に更新ができるが，車両の故障や老朽化に伴う車両交換の際にも更新可能である．

・障害補償人的支援金

　求職や雇用における人的支援を補償するための支援金である．被用者及び求職者が申請できる．最大助成額は4,200ユーロである．職業活動について第三者の介入を必要とする場合に用いられる[187]．社会的扶助として障害補償給付（PCH）が存在するが，これを補完するものである．状況に応じて（職業活動に悪影響があると考えられる場合）更新が可能である．

・障害者就職支援金

　不安定な状況にある，就職過程の障害者（求職者，交互契約労働者，民間企業の新規従業員[188]，職業訓練のインターン，職業リハビリテーションサービス機関を出た者等）で，かつ財政的困難を抱えている者が対象である．新規採用者や訓練等を受講する者は，その最初の月にこの支援を受ける資格がある．フランス・トラヴァイユ，キャップ・アンプロワ，ミッション・ローカルのカウンセラーによって決定される．助成の対象は移動費，衣類にかかる費用，宿泊費，食費等である[189]．助成額は諸費用

186）一時的なニーズの場合には，車両の購入等は不可とされる．移動費用については提供業者による日付，予定回数，単価，総額等を含めた詳細な見積書が必要である．
187）賃金労働者や独立自営業者で，直接的に職務環境適合に関係する人的支援を要する場合は，該当する企業向けの支援金が用いられる．
188）就職した者はその最初の月にこの支援を受ける資格がある．
189）障害の補償にあたらない支出は，一般雇用での就業に向けたプロジェクトに明確に関係があり，カウンセラーの承認を得ている必要がある．パソコンや携帯電話等は除外される．

97

実費に対しケースごとに評価され，最大530ユーロが支給される．経済的に不安定で，かつその必要性が認められれば，12か月に最大530ユーロが追加で再申請できる．

・補聴器支援金

　求職者や就職した者を対象とした補聴器購入の支援である[190]．助成額は補聴器1個（片方）に対し最大850ユーロ，1対に対し最大1,700ユーロが給付される．4年ごと，または修理不能な状態や障害の悪化による不適合の場合に再申請が可能である[191]．他の助成を受けている旨の証憑書類を提出するか，社会的扶助である障害補償給付（PCH）の申請をしたことを証明する誓約書が必要である[192]．

・Inclu'Pro訓練支援金

　Inclu'Pro訓練を受けるための資金的問題を解決し，中途放棄を減少させ，訓練への参加を促進することが目的である[193]．Inclu'Pro訓練に参加する求職者，賃金労働者，独立自営業者，農業従事者等が対象となる[194]．申請はInclu'Pro訓練を提供する訓練機関によってなされる[195]．受講者の身分，受けている給与や給付，受講時間数に応じて助成金額が異なり，最大635ユーロが受講者に給付される[196]．新たな研修への参加ごとに更新が可能である．

190）インプラント手術等には対応していない．
191）再申請には医師の指示が必要となる．
192）日常でも使用しうる補聴器の購入については，他の助成に対して補足的であると言える．
193）Inclu'Pro formationの目的は職業計画の策定，獲得している汎用スキルの同定，基礎知識のアップデート，最新情報通信スキルの獲得，自身の障害について考慮すること等であり，他の職業訓練への準備段階にあるものと言える．
194）前項（1）カウンセリング等支援参照．
195）訓練の提供方法は現在，オンライン，対面，ハイブリッドが許容されている．
196）金額は以下のように規定されている．（1）積極的連帯所得手当（revenu de solidarité active，RSA），成人障害者手当（AAH），障害年金等を受給する求職者，長期かつ高額な治療を要する特定疾患（affection de longue durée, ALD）患者で求職者である者，フランス・トラヴァイユに登録しているが給付を受けていない者，独立自営業者，農業従事者は，40時間から180時間の訓練に対して315ユーロ，181時間から300時間の訓練に対して315ユーロが給付される．（2）特別連帯手当（allocation de solidarité spécifique, ASS）ないし失業からの復帰手当（allocation d'aide au retour à l'emploi, ARE）の受給者で受給額が635ユーロ以下である求職者，給与または休業補償手当（indemnité journalière, IJ）が635ユーロ以下である賃金労働者は，40時間から300時間の訓練に対して315ユーロが給付される．（3）失業からの復帰手当，特別連帯手当を635ユーロ以上給付されているフランス・トラヴァイユ登録の求職者，給与または休業補償手当を635ユーロ以上受けている賃金労働者，適合企業の賃金労働者，公務員はこの給付を受けることができない．

第3章　フランスの障害者雇用と福祉

・障害補償技術支援金

　就職・就労における自立促進のための技術的手段による補償（機器の購入，修理，レンタル等）に充てられる[197]．申請は障害者本人によってなされ，助成額は5,250ユーロである．賃金労働者や独立自営業者で，職務環境適合に直接関係する支援を要する場合，企業向け支援の「障害者職務環境適合支援金」が用いられる点は「障害補償人的支援金」と同様である．5年ごと，または機器類が，障害の悪化のために適さなくなった場合や修理が不可能になった場合に再申請が可能である．

（b）企業向け支援

・障害者受入・定着・キャリアアップ支援金

　新規雇用の障害者への支援，職務変更や異動等で新しい職務に就いた者の支援を目的とする．6か月以上の有期ないし無期雇用で，週あたりの労働時間24時間以上[198]で障害者を雇用する使用者が申請できる．当該の労働者は採用前であるか，雇用されて（あるいは新しい職務に就いて）9か月以内である必要がある．最大3,150ユーロが支給される．キャップ・アンプロワ，フランス・トラヴァイユ，ミッション・ローカル，コメット・フランス，AGEFIPH等の指導が必要である．当該労働者の職務開始，またキャリアアップを支援する旨の活動計画に基づき，支給される．具体的には職場の障害に対する啓発・教育プログラム，マネージャーの障害教育，従業員または管理職への個別支援（チューター制度，コーチング，特定の指導時間等）に充てられる．一般労働者を含む全ての従業員のための活動には充てることはできない．当該の障害労働者が同一企業に在籍の場合，受入定着とキャリアアップの目的で，それぞれ1回ずつ更新申請が可能であるが，補足の必要性に関する説明を付す必要がある．なお，適合企業や経済活動による社会編入支援組織（IAE）は申請することができない[199]．

---

197) 障害補償給付（PCH）における技術的支援については2005年法によって定義され，2020年に改訂された．「社会福祉・家族法典 L. 245-3 条第2項に記載の技術支援とは，個人の障害に起因する活動の制約を補償するために特別に設計，または適合されたあらゆる機器，設備，技術システムを指す．これらは当該障害者の個人的な用途のために取得または賃貸され，用途は親権の行使にかかる必要への対応も含んでいる」と規定されている（CASF, D. 245-10）．なお PCH の人的支援に関しては就労の場で用いることができる．

198) 法的ないし契約上の特例により24時間以下とせざるを得ない場合には，10時間以上とされる．

199) 適合企業は後述するが，障害者を雇用する社会的企業である．

99

・障害者職務環境適合支援金

　職場やテレワーク環境の整備，また障害補償のために必要な設備費用に用いられる．労働医が，障害や職務の変化等が障害者の職務遂行に影響がある，または予防措置が必要であると認めた場合，使用者が申請できる[200]．また医師が，障害等により活動が困難と診断した独立自営業者も申請可能である．技術的支援，人的支援，組織編成的支援等あらゆる障害補償が助成の対象となるが，助成は厳密に障害補償に関わる部分にのみ適用される[201]．具体的には職場環境やテレワーク環境の整備，手話通訳費，チューター，職場の支援者，点字転写，特別なソフトの購入，また障害者本人及び同僚のための特別な設備（障害者のためのマスク等）に充当される．聴覚障害者への人的支援として時間あたり最大80ユーロ，職場への支援者派遣には最低賃金に基づき最大12,757ユーロ[202]と定められている．特別なマスクのような予防装備には，一般のマスクとの差額分が助成されるが，障害者のためのマスクの価格は15ユーロ以下とされる．なお，助成は一時的なものであり，継続的な助成としては別途「障害重度関連支援金」を用いる．そのため助成の更新は基本的にできないが，障害が悪化した場合や職務状況が変化した場合，あるいは設備の老朽化等により負担がある場合には再申請が可能である．また手話通訳，コミュニケーション・インターフェース，キュードスピーチ通訳等，かかるコストが障害重度関連支援金の対象となる規定額以下の場合には，これを更新することが可能である[203]．

・障害者見習契約雇用支援金

　障害者と見習契約を結ぶ使用者が申請できる（6か月以上の雇用で，週あたりの労働時間が24時間以上[204]）．支援金は契約期間によって異なり，

---

200) 医師の意見書には，状況の説明，障害による困難性，望ましい変更に関する提案が含まれている必要がある．

201) 障害者でない者にも必要とされるような投資は除外される．

202) 2024年1月1日現在．

203) 障害重度関連支援金受給の条件は，障害者雇用支援にかかるコストが，時間あたり最低賃金に年間労働時間（法定労働時間は1,607時間）を掛けたものの20％以上であることである．2024年1月時点の最低賃金に基づいて計算すれば3,744.31ユーロ以下となる．

204) 法的ないし契約上の特例により24時間に満たない場合は10時間以上とされる．

第3章　フランスの障害者雇用と福祉

最大4,000ユーロである[205]．職業訓練の留年や追加認定資格[206]取得のために契約の変更がある場合には支援の延長が可能であり，また更に上位の資格取得の場合には更新が可能である．

・障害者職業化契約雇用支援金

職業化契約を結ぶ使用者が申請できる（6か月以上の雇用で，週あたりの労働時間が24時間以上[207]）．支援金は契約期間によって異なり，最大5,000ユーロである[208]．職業訓練の留年や追加認定資格取得のために契約の変更がある場合には支援の延長が可能であり，また上位資格取得等の場合には更新が可能である．

・障害重度関連支援金[209]

使用者が最大限の環境整備をした後も，使用者に負担が継続する場合に，その補償を目的として支給される．障害者を使用する者または障害を持つ独立自営業者が利用できる[210]．使用者が行った最大限の環境整備を提示し，また環境整備の後でも継続する，障害に由来する企業の負担額を数値化する必要がある[211]．この負担額の年あたり換算額が最低賃金換算

---

205) 6か月1,000ユーロ，12か月1,500ユーロ，24か月2,500ユーロ，36か月3,500ユーロ，無期雇用の場合4,000ユーロである．
206) 追加認定資格（mention complémentaire）は職業適正証（certificat d'aptitude professionnelle, CAP）等の上位にある職業資格である．
207) 法的ないし契約上の特例により24時間に満たない場合は10時間以上とされる点も障害者見習契約雇用支援金と同様である．
208) 6か月1,500ユーロ，12か月2,500ユーロ，24か月4,500ユーロ，無期雇用の場合5,000ユーロである．
209) C. trav., R. 5213-39 à R. 5213-51, Arrêté du 9 septembre 2019 relatif aux modèles de formulaires de demande de reconnaissance de la lourdeur du handicap, aux modalités de calcul mentionnées à l'article R. 5213-45 du code du travail et au montant annuel de l'aide à l'emploi mentionné à l'article R. 5213-49 du même code. AGEFIPH, Tout savoir sur la Reconnaissance de la Lourdeur du Handicap (RLH), juin 2021. https://www.agefiph.fr/sites/default/files/medias/fichiers/2021-07/Agefiph_Tout-savoir-sur-la-RLH_Juin2021.pdf（2024年7月10日最終閲覧）
210) 労働法典 L. 5212-13条の規定にある雇用義務の対象となる障害労働者としての資格が申請日から6か月以上有効であることが条件とされる．なお民間企業だけでなく，産業や商業にかかる公的部門の使用者も申請可能である．
211) 数値化については旧制度に関する解説であるが，小澤真「フランスにおける個々の職場での就労困難性を反映した重度障害認定制度」職業リハビリテーション研究・実践発表会発表論文集26号（2018年）270-271頁に詳しい．例えば1時間で健常の労働者が1,000の段ボールを畳む間に当該障害者が800の段ボールを畳むとすれば，生産性の低下は20%と見做される．月40時間このタスクを行うとすれば，月あたり8時間の損失となる．当該障害者の時給を掛けたものがこのタスクにおける月あたりの負担額とされる．同様にチューター等の指導による時間，第三者による補助の時間等も負担額として算出される．

101

での年間総額[212] の20%を超えている場合は通常率で支給され，50%を超える場合には割増率で支給される[213]．支援金は月々の実働時間の申告に基づき[214] 四半期ごとに支給され，支給額は申告期間に適用される時間あたり最低賃金に連動して調整される．フルタイムの場合には通常率の年あたり給付額は時間あたり最低賃金の550倍，割増率の年あたり給付額は1,095倍と規定されている．支援は通常3年間継続し，更新も可能である．

• 雇用維持のための障害者教育活動支援金

　資格取得を通じた雇用維持を目指し，労働医が，障害やその悪化，職務状況の変化により，職務遂行能力に影響があると証明する場合，使用者が申請できる．また障害の発生や悪化等により業務継続が困難との医師の意見書がある場合，障害を持つ独立自営業者も同様に申請可能である．支給額は，プロジェクトにかかる費用と，すでに支給されている，または支給予定がある他の助成に鑑みて決定される．障害者雇用維持に関わる，娯楽的でない現実的な教育活動に助成され，教育活動は企業内部での実施，外部委託のどちらも利用できる．雇用維持に関して新たな必要が生じた時には再申請も可能である．

• 雇用維持準備のための障害者教育活動支援金

　特に資格取得に向けた障害教育や基礎的スキルの取得のための教育活動に対して支給される．上述の「雇用維持のための障害者教育活動支援金」と同様に，給付金額はプロジェクトにかかる費用と，すでに支給されている，または支給予定がある他の助成に鑑みて決定される．異なるのは，障害の発生や悪化等，喫緊の問題が理由ではなく，将来的な障害の悪化やスキル獲得を見据えた準備を目的としている点である．雇用維持準備に関して新たな必要が生じた時には再申請も可能とされる．

• 障害を持つ賃金労働者の雇用維持に係る解決策の策定と実施のための支援金

---

212) 最低賃金換算での年間総額は，時間あたり最低賃金に労働契約にある年間労働時間（最大1,607時間）を掛けたものである．

213) なお福祉的就労施設である ESAT や障害者雇用の社会的企業である適合企業を出て一年以内の障害者に関して初回申請の場合に限り，自動的に割増率で障害重度関連支援金が付与される．

214) R. 5213-50 条によれば，企業の所定労働時間または法定労働時間に対する割合で計算される．

障害の状態と職務状況の齟齬のために雇用を失うおそれがある場合に，雇用維持を目的として支給される．労働医が，障害やその悪化，職務状況の変化により，職務遂行能力に影響があると証明する場合，使用者が申請できる．また障害の発生や悪化等により業務継続が困難との医師の意見書がある場合，障害を持つ独立自営業者も同様に申請可能である．キャップ・アンプロワまたはコメット・フランスのカウンセラーの指導により申請される．助成金額は一括で2,100ユーロである．会議開催など，雇用維持のための解決策の模索と策定にかかる費用，また，障害をカバーするための機器設置までの賃金補填や，復職が難しい状況での喫緊の解決策にかかる費用，生産性損失の一時的補償など，解決策の実施にかかる費用に用いられる[215]．解決策の策定に時間を要する場合に1回のみ更新できるが，解決策の実施に関しては更新できない．なお，適合企業や経済活動による社会編入支援組織（IAE）はこの支援を申請することができない．

(c) 訓練機関向け支援

・訓練環境適合支援金

　職業能力開発を支援する機関，すなわち事前準備機関・サービス（établissements et services de pré-orientation, ESPO）と職業リハビリテーション機関・サービス（établissements et services de réadaptation professionnelle, ESRP）[216]を除く職業訓練機関，見習労働者訓練センター[217]（centre de formation des apprentis, CFA），職業能力評価・実務経験査定機関が利用可能である．AGEFIPHが主導する障害教育情報センター（Ressources handicap formation, RHF）[218]の援助を受け，必要な整備を知ることができる．補償の対象は研修や試験にかかわる資料等の適合化，教育スタッフへの啓発，補習や課題サポートにかかる時間，ノートテイカー等となっている．支給額に関しては，アクセシビリティに関する法的な義務，障害を持つ見習労働者への法的に必要な措置，AGEFIPHの支援やその他一般を対象とした機

---

215) 解決策の模索のみ，あるいは実施のみの申請も可能である．
216) ESPOとESRPはそれぞれ，事前準備センター（centre de pré-orientation）と職業リハビリテーションセンター（centre de réadaptation professionnelle）の後身である．共に障害者支援に特化した機関である．
217) 見習労働者訓練センターは見習契約を結ぶ労働者の訓練機関である．
218) RHFは各地に支援員を配置し，上記の訓練機関を中心にコンサルティングを行なっている．

関の助成等に鑑み，厳密な障害補償の観点から各状況を分析した後に算定される．研修期間（複数年にわたる場合は年ごとの）の障害補償プランの作成を要する．当該者の障害が悪化した場合や研修を継続する場合には再申請が可能である．

　以上，障害者向け支援，企業向け支援，訓練機関向け支援の3つの助成を説明したが，障害者（個人）向けの助成と使用者（企業）向けの助成がそのほとんどを占める．助成は使用者だけでなく，障害者に向けられたものもあり，既に雇用されている者だけでなく求職者も利用できる．

　障害者向けの支援は，企業に所属していない求職者が，求職活動において不利にならぬよう，支援を行っている．さらに，障害者による起業も推進しており，そのための助成もここに含まれる（障害者起業・事業継承支援金）．

　能力の向上や資格の取得等を促すため，教育や研修への助成も行われている（Inclu'Pro訓練支援金等）．ドイツ式のデュアルシステムと比較しうる交互契約の支援（見習契約・職業化契約の支援）が重視されていることも指摘しうる．

　ドイツはまた，障害者本人に対する支給が充実しているが[219]，ドイツの「職場に達するための補助」，「起業のための補助」及び「ジョブ・アシスタント」は，それぞれフランスの「障害補償移動支援金」，「障害者起業支援金」，及び「障害補償人的支援金」に相当すると考えられる．

　企業（使用者）に対する助成も，ドイツと類似するものがある．ドイツの「補助的労働力」と「障害者に適した職場の装備」は「障害者職務環境適合支援金」に類似している．ドイツの「特別な負担に対する給付」は職務に対する助成という点，また損失を計量化する点においてフランスの「障害重度関連支援金」に近い[220]．この「障害重度関連支援金」は，可能な限りの合理的配慮が行われていることを確認した上で，健常の労働者と比較した障害による損失を査定し，その損失を補填する目的で持続的に使用者に対し助成を行うもので，結果的には賃金補填にあたるものであると言えよう[221]．

---

219) 本書「第2章ドイツの障害者雇用と福祉」参照．
220) フランスの重度とドイツの重度では定義が異なることには注意が必要である．
221) 福祉的就労施設であるESATや障害者を雇用する社会的企業である適合企業と異なり，一般企業に対する障害労働者の職務助成，賃金補填の名目で行われる支援は，「障害重度支援金」を除いてはフランスには存在しない．

第3章　フランスの障害者雇用と福祉

(4) FIPHFPの支援

A．概要

公的部門障害者職業参入基金（Fonds pour l'insertion des personnes handicapées dans la function publique, FIPHFP）は公的部門の雇用率にかかる納付金の管理運営を担う．

2005年法（Loi n° 2005-102 du 11 février 2005）により創設された．AGEFIPHが民間部門を対象としているのに対し，FIPHFPは公的部門機関（政府機関，自治体機関，公共医療機関）を対象として，納付金の運営，及び公的部門の障害者雇用促進・雇用維持のためのサポートと関連する助成金の交付などを行なっている[222]．

FIPHFPについては一般公務員法典のL. 351-7条からL. 351-15条に規定されている．これによればFIPHFPの任務は障害を持つ公務員の受け入れ，職業参入，雇用維持，教育や情報提供を促すことであり，また使用者に対し，障害を持つ職員に関するカウンセリングを行うことである．

組織は全国委員会（comité national），地域委員会（comité local），学術評議会（conseil scientifique），利用者委員会（comité des usagers）からなる．全国委員会は公的部門の使用者，職員，障害者団体の代表，及び雇用公共サービスの代表から構成され，現行26名である．学術評議会は全国委員会の諮問機関で，最大20名の評議員によって構成され，うち5名は全国委員会のメンバーである[223]．利用者委員会は2023年4月に発足したもので，地域の支援担当者と利用者の視座共有を目的とし，20名のメンバーで構成される[224]．

FIPHFPの財政支援の特徴は，組織がFIPHFPとの障害者雇用推進に関する協定（convention）を結ぶことで，それにかかる財政支援を受けることができる点である．FIPHFPの一般公的部門機関に対する直接的支出の多くはこの協定に基づく財政支援である[225]．550人以上を雇用する使用者が対象で，3年の期限

---

222) フランス国鉄（SNCF）などの商工業的公施設法人（Établissement public à caractère industriel et commercial, EPIC）は FIPHFP ではなく，AGEFIPH の管掌となる．

223) Décret n° 2006-501 du 3 mai 2006. FIPHFP, Le comité national, organe de gouvernance politique du FIPHFP. https://www.fiphfp.fr/nous-connaitre/gouvernance/le-comite-national-organe-de-gouvernance-politique-du-fiphfp（2024 年 7 月 10 日 最 終 閲 覧 ）; Le conseil scientifique du FIPHFP. https://www.fiphfp.fr/nous-connaitre/gouvernance/le-conseil-scientifique-du-fiphfp（2024 年 7 月 10 日最終閲覧）

224) FIPHFP, Le comité des usagers du FIPHFP. https://www.fiphfp.fr/nous-connaitre/gouvernance/le-comite-des-usagers-du-fiphfp（2024 年 7 月 10 日最終閲覧）

225) FIPHFP, Rapport d'activité 2023, p. 31.

105

があるが更新可能である[226].

もう1つの特徴は支援がケースバイケースであるという点である．上記の協定による支援以外に，「支援カタログ」による支援が準備されており，必要に応じて利用可能で，個々のケースで支援額が決められる．この「カタログ」による支援（プラットフォーム支援）は，組織が協定を結んでいるか否かに関わらず受けることができる．雇用及びその維持，ポストへの適応，教育研修など，それぞれに上限を決め，その範囲で資金援助を行う[227]．FIPHFPと障害者雇用に関する協定を結んでいる場合には，その枠内で資金が拠出される．

なお，20人以上を雇う公的部門機関の障害者雇用率制度に関する計算方法の基本は民間企業の方法に準ずるが，不足分の減額等については少し異なる．しかしESATや適合企業への発注などによる減額があり，大枠では同様と考えられる．また公務員に労働協約締結権はないため，民間企業のように障害者雇用促進に関する労働協約締結によって雇用義務を満たすことはできない．

B．支援カタログ記載の支援[228]

（a）技術的支援

補聴器支援に最大1,700ユーロ，車椅子支援に最大10,000ユーロが準備され，装具義肢支援については個別検討される．

（b）職業キャリア支援

採用後，訓練開始後，転居後等3か月以内に申請し，最大750ユーロ[229]が支給される．

（c）移動支援

車両整備，タクシー等利用に対して年間最大12,000ユーロが支給される．

（d）保護労働への外注支援

その促進費用に年間最大7,000ユーロが支給される．

（e）見習労働補償金

見習労働者の報酬の80%が給付される．

---

226) FIPHFP, Conventionner avec le FIPHFP. https://www.fiphfp.fr/employeurs/nos-services/conventionner-avec-le-fiphfp (2024 年 7 月 10 日最終閲覧)
227) 後述の「支援カタログ」(Catalogue des interventions du FIPHFP) に詳しく記載されている.
228) FIPHFP, Catalogue des interventions du FIPHFP, janvier 2024.
229) 2025 年より 530 ユーロに変更予定.

106

第3章　フランスの障害者雇用と福祉

（f）参入支援

　見習契約や支援契約等労働者雇用に対する社会教育的特別契約労働支援として最大で最低賃金時給額の520倍，雇用継続報奨金として上記有期契約労働者の無期移行に4,000ユーロ，研修補償金として週あたり35時間の研修に対し時間あたりの保険料賦課対象最高賃金額[230]の相当額まで，ESAT利用者のパートタイム雇用による一般環境参入報奨金として2,000ユーロが支払われる．

（g）職務整備支援

　職務調査支援として外部委託の場合最大3,000ユーロ（内部1,300ユーロ），職務環境適合支援として最大10,000ユーロ，業務時間における日常生活支援員による支援として一日あたり最大5時間利用可能でPCH人的支援該当額まで支給される．職務支援員による支援として支出額の3分の2が，PCH人的支援に基づく時間給（外部委託），あるいは主任行政職10号相当時間給（内部）を上限として支給される．またチューター支援として時間あたり最大20.50ユーロ，月あたり最大20時間が補償され，手話通訳等及び関連機器支援として時間あたり最大80ユーロまたは設備費として年間6,000ユーロ（費用の60％まで）が支給される．雇用維持のための多職種による専門支援では，職業能力査定として年間最大10,000ユーロ，医療・心理的支援として年間最大3,000ユーロ，外部専門家による職場での支援として年間最大31,000ユーロ（週25時間まで）が準備されている．

（h）障害者訓練支援

　能力及び職務評価支援に2,000ユーロ，障害補償のための訓練支援（障害補償ツールの使用に必要なトレーニング）に最大5,000ユーロ，またその分の給与補償がなされる．再配置準備期間に対する訓練支援として最大10,000ユーロが支給され，不適格による職務変更のための訓練支援では，職務不適格と認定され再配置された者が，職務変更や異動により雇用維持するための最長1年の訓練費用として最大10,000ユーロが支給される．進行性疾患罹患職員の職業転換のための訓練支援では最長1年に対し10,000ユーロが支給され，訓練期間中の給与の60％がFIPHFPによって負担される．見習労働訓練支援では訓練にかかる費用に対し，1年につき最大10,000ユーロが支給される．訓練活動追加費

---

230) Plafond de la Sécurité sociale.　訳語はJILPT『ドイツ，フランスの労働・雇用政策と社会保障』（2007年）108頁による．

107

用支援では訓練教育にかかる配慮が必要な宿泊や移動の追加費用として日額最大150ユーロが支給される.

（i）生活環境改善支援

汎用雇用サービス小切手，バカンス小切手[231]の配布に対する支援があり，1年につき1個人に上限300ユーロが加算される.

（j）障害についての啓発教育広報支援

コミュニケーション・情報提供・啓発支援があり，協定を結んでいる場合は協定合意支援額の5％（更新の場合は2％），協定を結んでいない場合は従業員数350名未満で2,000ユーロ，350から9,999名で10,000ユーロ，10,000から49,999名で15,000ユーロ，50,000名以上で20,000ユーロが支給される. 内部の障害者関連担当者教育支援として最長3年で年間最大10,000ユーロが支給される.

（k）デジタルアクセシビリティ支援

デジタルアクセシビリティの事前監査及び簡易監査支援があり，準公開サイトに対して最大650ユーロ，イントラネットサイトに対して最大1,500ユーロが助成される. 初期デジタルアクセシビリティ監査支援では複雑性により3,200ユーロから8,000ユーロを上限として，準公開ウェブサイトに対して費用の50％，イントラネットサイトに対して費用の80％が助成される. デジタルアクセシビリティ実施支援でもまた複雑性に応じ8,000ユーロから12,000ユーロを上限として，準公開ウェブサイトに対しその費用の50％，イントラネットサイトに対しその費用の80％が支給される. デジタルアクセシビリティ監査検証支援も同様に，複雑性により1,600ユーロから3,000ユーロを上限として，準公開ウェブサイトに対して費用の50％，イントラネットサイトに対して費用の80％が助成される.

その他，AGEFIPHや政府と共同の支援がある. なお支援カタログは2022年1月の改定時に，電子化（ITアクセシビリティ）のための支援が大きく増補された[232]. 障害者のオンラインによる公共コミュニケーションサービスへのアクセシビリティに関する2019年7月24日のデクレ第2019-768号（Décret n° 2019-

---

231）汎用雇用サービス小切手（chèques emploi service universels, CESU）は個人が使用者として人を雇う際に，バカンス小切手（chèques vacances）はバカンスの際に用いられるバウチャーである.
232）FIPHFP, Catalogue des interventions du FIPHFP, 2022.

768 du 24 juillet 2019 relatif à l'accessibilité aux personnes handicapées des services de communication au public en ligne）により，障害者に使いやすいオンラインサービスであることが義務とされている.

2023年の活動報告[233]によれば，公的部門の総雇用者数は4,767,663人で，うち雇用率制度該当者は269,786人であり，直接雇用率は5.66%（前年比微増）であった．この内訳としては政府機関4.64%，自治体機関6.89%，公共医療機関5.64%であった．また納付金納入額は1億4,789万9,938ユーロ，うち1億1,101万7,744ユーロが支援に使われた．このうちプラットフォーム支援は2,142万7,464ユーロ，協定による支援は4,119万6,616ユーロであった.

なお，賃金補塡にあたる支援としては見習労働特別支援が挙げられるが，見習契約を結ぶ者に限られ，そのため継続的なものではない．進行性疾患罹患職員の職業転換のための訓練支援や障害補償のための訓練支援も同様で，給付は訓練期間に限られる．重度の障害を持つ労働者に関してはAGEFIPHの行う「障害重度関連支援金」が公的部門でも利用でき，こちらは継続的な賃金補塡が可能である.

(5) フランス・トラヴァイユ（France travail）とキャップ・アンプロワ（Cap emploi）

雇用公共サービスであるポール・アンプロワ（Pôle emploi）は2024年にフランス・トラヴァイユとなった．このフランス・トラヴァイユとキャップ・アンプロワの違いについて確認しておく.

フランス・トラヴァイユは障害者に限らない，一般的に利用が可能な雇用公共サービス（service public de l'emploi, SPE）である．2008年にLoi n° 2008-126 du 13 février 2008により，それまで存在した国立雇用センター（Agence nationale pour l'emploi, ANPE）と商工業雇用協会（Association pour l'emploi dans l'industrie et le commerce, ASSEDIC）が合併する形で設立された．その後，2023年の完全雇用のための法律（Loi n° 2023-1196 du 18 décembre 2023）によってフランス・トラヴァイユに改編され，失業率低下を目指し，フランス・トラヴァイユへの自動登録，履行違反へのサンクション等が導入された．障害者雇用に関しては，それまで障害労働者の職業指導はMDPHによって行われていたが，

---

233) FIPHFP, Rapport d'activité 2023, pp. 9, 29, 31.

フランス・トラヴァイユ（及びキャップ・アンプロワ）が，MDPH の指導を経ずに障害労働者を一般企業や適合企業に斡旋できるようになった．また同じく MDPH の管掌である職業リハビリテーション，福祉的就労（ESAT）への進路指導についても，フランス・トラヴァイユの提案に基づき CDAPH が決定できるようになる（CASF, L. 146-9, C. trav., L. 5312-1）．

　また 25 歳までの若年者を対象とした雇用公共サービスとしてミッション・ローカル（Missions locales）が存在する[234]．当然のことながら，障害者もこれらの機関を利用することができる．

　一方，キャップ・アンプロワは障害をもつ求職者のみを対象とする雇用公共サービスであり，特定職業斡旋組織（organisme de placement spécialisé, OPS）である．キャップ・アンプロワはフランス・トラヴァイユやミッション・ローカルと連携し，必要であればこれら機関からキャップ・アンプロワへ求職者が紹介されることもある．軽度な障害の場合にはフランス・トラヴァイユで支援を行うケースも多い．キャップ・アンプロワで支援されるのは比較的重度のケースである．

　組織の来歴としては，再配置準備フォローアップチーム（équipe de préparation et de suite au reclassement, EPSR）[235] と職業参入組織（organisme d'insertion et de placement, OIP）[236] が 2000 年に合併し，キャップ・アンプロワとなった．2014 年には全国のキャップ・アンプロワを代表する組織として全国障害者雇用特定職業斡旋組織評議会（Conseil national handicap et emploi des organismes de placement spécialisés, CHEOPS）が作られた．またキャップ・アンプロワは障害労働者の雇用維持の支援を行う組織であった Sameth と 2018 年に合併した[237]．

　労働法典 L. 5214-3-1 条の規定によれば，「障害者の雇用における準備，継続的フォロー，維持を担う特定職業斡旋組織は，国家，雇用公共サービス，障害者職業参入基金管理運営機関，公的部門障害者職業参入基金が実施する障害労働者のために規定される職業参入及び特別支援に関する措置に参加する．

---

234) 設立は 1982 年.

235) 1975 年設立．Loi n° 75-534 du 30 juin 1975.

236) 1987 年設立．Loi n° 87-517 du 10 juillet 1987.

237) Loi n° 2016-1088 du 8 août 2016. Cap emploi, Représentation du réseau des Cap emploi. https://www.capemploi.info/qui-sommes-nous/presentation-du-reseau-des-cap-emploi.html（2024 年 7 月 10 日最終閲覧）；AGEFIPH, Nouvelle identité pour les Cap emploi-Sameth, 11.9.2018. https://www.agefiph.fr/sites/default/files/import_destination/6ae9bc1b48f18f0d815250bc9edef488.pdf（2024 年 7 月 10 日最終閲覧）

第3章　フランスの障害者雇用と福祉

これら特定職業斡旋組織はこの目的のために協定を結び，その条件に基づき，第1項に言及されている運営機関及び基金から提案される支援，活動，給付を行うことができる．特定職業斡旋組織はL. 5312-1条に定められる機関を補足し，協定に定められる条件において雇用義務の受益者である求職者に対し，適合した支援を確保する」とされる．すなわち特定職業斡旋組織（キャップ・アンプロワ）はL. 5312-1条に定められる機関（フランス・トラヴァイユ）の補足的機関であるが，AGEFIPHやFIPHFPといった雇用率制度における納付金運用機関と協調し，連携して支援にあたる[238]．

キャップ・アンプロワの財源は大半がAGEFIPHであり，またポール・アンプロワ（現フランス・トラヴァイユ）やFIPHFPからの出資を受けている．AGEFIPHは2021年にキャップ・アンプロワに対し就職支援として6,320万ユーロ，雇用維持支援として3,680万ユーロ（合計1億ユーロ）を出資した．同年のFIPHFPの出資額は就職支援として1,730万ユーロ，雇用維持支援として660万ユーロ（合計2,390万ユーロ）であり，ポール・アンプロワによる出資額は就職支援として2,970万ユーロであった[239]．

キャップ・アンプロワには求職者支援部門，雇用維持支援部門，使用者支援部門がある．MDPHとは密に連携し（とくにMDPHの就労支援員[240]），MDPHのオリエンテーションによってキャップ・アンプロワに紹介された障害者は一般就労で働くことを目指す．またAGEFIPHなどとも連携し，AGEFIPHの行う障害重度関連支援金の認定の際に加わることもある．

2023年のキャップ・アンプロワによる支援の実績報告によると[241]，雇用への復帰を果たした障害者は207,275人であった．またキャップ・アンプロワによる雇用維持のための支援を受けた者は51,420人で，うち24,385人が雇用の維持に成功した．

---

238) これらの機関と結んでいる協定については，例えば Convention nationale pluriannuelle multipartite de mobilisation des personnes en situation de handicap 2017-2020 等．Ministère du travail, de la santé et des solidarités, Cap emploi, 29.1.2024. https://travail-emploi.gouv.fr/ministere/service-public-de-l-emploi/article/cap-emploi#:~:text=Les%20Cap%20emploi%20s'adressent,quel%20que%20soit%20leur%20effectif. （2024年7月10日最終閲覧）
239) AGEFIPH, Rapport d'activité 2021, p. 49. 2017年以前のデータに関しては IGAS, Évaluation des Cap emploi et de l'accompagnement vers l'emploi des travailleurs handicapés chômeurs de longue durée, 2017.
240) Référent insertion professionnelle, RIP.
241) CHEOPS, Rapport d'activité des Cap emploi 2023.

111

(6) 福祉的就労施設（ESAT）利用者の一般環境でのパートタイム労働

Loi n° 2022-217 du 21 février 2022 及びそれに続く Décret n° 2022-1561 du 13 décembre 2022 により，福祉的就労施設である ESAT の利用者は，一般環境，すわなち一般企業での同時就労が可能となった．CDAPH による ESAT への進路指導により，利用者は ESAT での活動と一般労働市場（適合企業を含む）での職業活動を同時にパートタイムで行うことができる[242]．労働法典に定められる一日の労働時間，法定労働時間を超えない．労働時間と休暇は労働者，ESAT，使用者の合意によって定める（CASF, R. 243-3-1）．ESAT 退所後の一般就労への移行は「雇用強化プログラム（parcours renforcé en emploi）」（C. trav. R. 5213-1-2）とされ，使用者と ESAT 等で結ばれる支援協定の枠組で出身 ESAT のサポートを必ず受ける（期間は1年，2回更新可能，CASF, L. 344-2-5）．支援協定の終了時には CDAPH または雇用公共サービス（キャップ・アンプロワ，フランス・トラヴァイユ，ミッション・ローカル）による指導に基づき，県の援助付き雇用（ジョブコーチ）プラットフォームが支援を行う（C. trav. R. 5213-1-2）．労働契約終了の場合には出身 ESAT（期限内に合意が得られるならば別の ESAT も可能）に復帰できる（CASF, L. 344-2-5, R. 243-4-1, C. trav. R. 5213-1 以下）．関連して，施設就労者の一般労働への移行を後押しする目的において，ESAT は少なくとも地域の雇用公共サービス，県の援助付き雇用プラットフォーム管理者，県内また隣接県の適合企業と提携合意をするものとする（CASF, R.344-7）．

5. フランスにおける援助付き雇用

(1) 援助付き雇用の概要

労働法典 L. 5213-2-1 条，D. 5213-88 条から D. 5213-93 条に拠る．援助付き雇用，日本におけるいわゆるジョブコーチ制度に当たるものは，労働・社会的対話の現代化・職業キャリアの保障に関する2016年8月8日の法律第2016-

---

242) CASF, L. 344-2, R. 243-3 以下．詳細は 7. 福祉的就労施設での就労参照．

1088号（Loi n° 2016-1088 du 8 août 2016）及び，援助付き雇用措置の実施及び
障害労働者の訓練個人口座の財政支援に関するデクレ第2016-1899号（Décret
n° 2016-1899 du 27 décembre 2016）により2017年より開始された．CDAPHが
支援の決定を行うが，支援を提案するMDPHが多忙であるため，ポール・ア
ンプロワ，キャップ・アンプロワ，ミッション・ローカル等，雇用公共サー
ビスも提案が可能となった[243]．対象となるのはRQTHの認定を受ける者であ
るが，2024年から雇用義務対象者のほとんどがRQTHと同等の権利を認めら
れるようになったため，個別にRQTHが認定される必要はなくなった[244]．

　障害者の求職支援や雇用維持を目的とし，ジョブコーチは使用者や同僚の
支援も行うが，申請は障害者本人とされる．ESAT出身者はESATが支援を担
当することとされている（最長3年，その後はジョブコーチが引き継ぐこと
が可能である）．2022年の発表によれば財源は国庫が7割で，残り3割はAGE-
FIPHとFIPHFPが担い，年間3,200万ユーロが計上されている[245]．

　主に精神障害や知的障害など「見えない障害」を持つ人々が対象であるが，
身体障害も排除してはいない．支援自体は無期限であるが，支援時期により，
1日あたり1時間の支援から1か月あたり1時間の支援まで頻度に幅がある．

　ANSAが報告している2020年時点のデータによると，支援対象登録者数は
4,415人である．うち，調査時点で支援を受けている障害労働者数は3,695人，
支援を受けている使用者数は1,300件である[246]．以下のデータは登録者数の内
訳である（表8～表10）．

表8　支援対象（性別）

男性	女性
63%	37%

表9　支援対象（年齢別）

20歳以下	20-29歳	30-39歳	40-49歳	50歳以上
5%	42%	26%	17%	9%

---

243) Loi n° 2020-935 du 30 juillet 2020 de finances rectificative pour 2020, Article 74.
244) C. trav., L. 5213-2-1によれば，援助付き雇用はL. 5213-1に基づく障害労働者（RQTH 認定を受け
　　る者）が利用できるが，Loi n° 2023-1196 du 18 décembre 2023により障害労働者の範囲が拡大した．
245) Gouvernement, L'emploi accompagné, avril 2022.
246) ANSA, Emploi accompagné. Suivi et évaluation du dispositif au 31 décembre 2020, septembre
　　2021, p. 7.

表10　障害種別

精神	知的	自閉スペクトラム	認知	身体	その他
44%	18%	14%	12%	5%	7%

出典：ANSA, Emploi accompagné. Suivi et évaluation du dispositif au 31 décembre 2020, septembre 2021, pp. 50, 54, 56.）

　ジョブコーチを利用する障害種別としては，日本では知的障害をもつ労働者が比較的多いが[247]，フランスでは精神障害をもつ利用者が最も多く，知的障害をもつ労働者の数はその半分以下である．フランスでは福祉的就労施設（ESAT）や社会的企業（適合企業）などが日本より充実しており，知的障害をもつ者が労働する場所が確保されているために，相対的に援助付き雇用制度を利用する知的障害の労働者が少ないという可能性が考えられる．

(2) 援助付き雇用の実際
　支援は基本的に4段階で行われる．集中的支援（月12時間以上），定期的支援（月8-12時間），フォロー支援（月2-8時間），監督支援（月2時間以下）の4段階であるが，状況・施設・個人の希望等により異なる．2020年末の調査で，2020年6月以前に開始された支援の月あたり支援時間の内訳は以下である（表11 〜 14）．

表11　月の支援時間

2時間以下	2-8時間	8-12時間	12時間以上
29%	53%	12%	6%

表12　支援期間（支援終了した720人中）

3か月以下	3-6か月	6-12か月	1-2年	2年以上
8%	10%	24%	41%	17%

表13　援助付き雇用による就労状況（回答者2,667人中）

就労できなかった	すでに就労していた	就労できた
34%	20%	46%

---

247) 厚生労働省「ジョブコーチ支援制度と養成研修の現状等について」(2020 年 8 月 27 日) 16 頁 https://www.mhlw.go.jp/content/11704000/000663209.pdf (2024 年 7 月 10 日最終閲覧) の配置型ジョブコーチ支援開始者数 (障害別) の統計によると知的障害は 28.2% であり，フランスの知的障害の利用者数 18% と比較すると 10% 以上の差がある．なお上記の資料によると精神が 26.9%，発達が 34.9% という割合であった．

第3章　フランスの障害者雇用と福祉

表14　雇用維持率（1,765人中，勤務先の変更に関わらず）

支援6か月	支援12か月	支援18か月
58%	46%	37%

出典：ANSA (2021.9) Emploi accompagné. Suivi et évaluation du dispositif au 31 décembre 2020, septembre 2021, pp. 85, 113, 121, 133.

　定着率は日本と比べ低い[248]．支援が開始されて間もないことも原因として挙げられるかもしれないが，支援対象として日本では知的障害が多く，フランスでは精神障害が多いことも関係している可能性がある．

　フランスではジョブコーチ制度は近年まで法的には整備されていなかったが，類似の支援を行う団体は存在した[249]．またESATの支援もジョブコーチ的役割を担っていたと言える．例えば，福祉的就労施設への外注（みなし雇用）の制度の枠内で，ESATは関係のある企業に対してアドバイスや支援を行ってきた．援助付き雇用制度の法的整備の際，ジョブコーチ業務に参入しなかったESATもあり[250]，こうしたESATによるサポートは援助付き雇用制度とは別個に継続している．

　ESATの存在は援助付き雇用との関係においても重要である．援助付き雇用からESATにオリエンテーションされるケースや，逆にESATの空きがないために援助付き雇用を開始するケース等が確認されている[251]．ESATが援助付き雇用業務を兼務しているケースが多いことなどが理由として考えられる．

　一方でESAT本来の業務そのものも，一般就労への移行支援だけでなく，一般企業就労後の支援やジョブコーチ的な役割も期待されている[252]．ESATから一般就労に移行した労働者にはESATが最長1年（1年ごとに2回更新可）ジョブコーチ的支援を行うことになる[253]．ESATの支援については後述する．

248) JEED『障害者の就業状況等に関する調査研究』(2017年) 32頁によれば，日本の配置型ジョブコーチ支援開始1年後の職場定着率は81.5%となっている．
249) 大曽根寛「フランスにおける精神障害者への職業支援－アソシアシオンの活動を中心に－」職業リハビリテーション25 (1) (2011年) 65-69頁によれば，Club Arihmは法的整備以前よりジョブコーチ業務も行なっていた．
250) 援助付き雇用事業に参入した団体は，ESAT，当時の職業リハビリテーションセンター（centre de rééducation professionnelle, CRP）及び職業指導センター（centre professionnel d'orientation, CPO），社会生活支援サービス（service d'accompagnement à la vie sociale, SAVS），成人医療社会福祉支援サービス（service d'accompagnement médico-social pour adultes handicapés, SAMSAH）など医療社会福祉機関・サービス89%であり，その他の医療社会福祉機関・サービスが8%，キャップ・アンブロワ（単体）が3%である．ANSA, op.cit., 2021, pp. 23-24.
251) Ibid., pp. 117-118.
252) IGF, IGAS, Les établissements et services d'aide par le travail (ESAT), Rapport, 2019, pp. 84-85.
253) CASF, L. 344-2-5.

115

6. 障害者の社会的企業，適合企業

（1）適合企業の概要

　労働法典 L. 5213-13 条から L. 5213-19-1 条に拠る．また，一般の適合企業（有期契約スプリングボード[254]を含む，後述）は R. 5213-62 条から D. 5213-86 条に規定され，派遣労働適合企業（entreprise adaptée de travail temporaire, EATT）は R. 5213-86-1 条から R. 5213-86-6 条に規定される．適合企業（entreprise adaptée, EA）は労働法の適用される一般企業でありながら，一種のシェルタード・ワークショップのように多数の障害労働者を雇用し，国からの助成を得ている．他の一般的な企業への橋渡しとしての役割を担っており，ESAT と一般企業の中間的な位置付けと考えられる．2005 年法による改革前は保護作業所（atelier protégé, AP）と呼称されていたが，この AP が設置されたのは 1957 年 11 月 23 日の法律[255]に遡る．その後，2005 年法により適合企業となり，通常の労働市場に属することが確認された[256]．適合企業は非営利社団[257]が運営しているケースと，企業が運営しているケースがある．企業運営の適合企業は 2016 年の段階で 23％に過ぎなかったが，2021 年に 45％に増加している[258]．国家（実務的には各県）と適合企業の間で目標及び手段に関する多年次契約（contrat pluriannuel d'objectifs et de moyens, CPOM）が結ばれる[259]．CPOMにおいて組織運営について詳細に検討され，障害者のニーズに応えていること，十分なスタッフとスキルを備えていることが確認される．最長 5 年間締結され，財政的規定は年次で調整される．

　福祉的就労施設である ESAT と大きく異なる点は，適合企業での雇用には労働法が適用されることである．日本のような障害者に対する最低賃金適用特例は存在しないため，最低賃金が適用される．障害者に対する社会的企業で

---

254) Contrat à durée déterminée « tremplin ».

255) Loi n° 57-1223 du 23 novembre 1957.

256) 永野・前掲（2013 年）171-172 頁．

257) アソシアシオン（association）は非営利社団と訳されることがある．中村紘一，新倉修，今関源成（監修）『フランス法律用語辞典』（三省堂・2012 年）39 頁，野田進『フランス労働法概説』（信山社・2022 年）252 頁．

258) Emmanuel Capus, Rapport d'information fait au nom de la commission des finances（1）sur les entreprises adaptées, Sénat, 5.10.2022, pp. 8-9, 35. http://www.senat.fr/rap/r22-018/r22-0181.pdf（2024 年 7 月 10 日最終閲覧）

259) C. trav., L. 5213-1, R. 5213-62 à R. 5213-68.

第3章　フランスの障害者雇用と福祉

ある適合企業は福祉的就労施設であるESATと同様に一般就労への移行を目指す．通常の企業での就労の後押しのために，合意により他の使用者のもとに出向（mise à disposition）して働くことができ，適合企業は出向先企業への支援と当該労働者への訓練を行う[260]．適合企業は出向先企業及び当該の労働者と契約を交わし，同一使用者に対する出向期間は最長1年で1度更新が可能である．適合企業は給与や社会保障費，訓練等経費についてのみ出向先企業に請求する[261]．また適合企業を辞職後1年以内の者が再就職を希望する場合，優先的に再雇用される[262]．

2023年のデータ[263]によると，適合企業数は約800事業所存在する．約57,000人の従業員のうち40,500人が障害労働者（フルタイム等量にして26,600FTE）である．70%は無期雇用で，従業員の47%は50歳以上とされる．

2018年法により在宅就労供給センター（centre de distribution de travail à domicile, CDTD）が適合企業に統合された．またこれ以外の変革として，それまで適合企業には80%以上の障害者雇用が義務付けられていた[264]が，2019年より55%以上と障害者雇用割合の下限が引き下げられた[265]．上限に関しても，助成がなされる人員が段階的に[266] 75%までとされたことで，実質75%の障害者雇用上限が設けられた[267]．つまり，それまで適合企業の従業員における障害者雇用割合は80%以上100%以下とされていたが，55%以上75%以下へと変わったということである[268]．これまで障害者雇用割合の上限は存在しなかったが，こうした雇用の上限はドイツモデルの統合企業に範を得たものであり，障害者が一所に集中するシェルター的な環境にならないよう，よりインクルーシブな就労環境を目的としている．

障害者雇用の助成対象となる労働者はRQTHを受けていることに加え，いくつかの条件のうち1つを満たす必要がある．これら条件としては過去4年のう

---

260) C. trav., L. 5213-16, L. 8241-2.
261) C. trav. D. 5213-84.
262) C. trav., L. 5213-17, D. 5213-86. 永野・前掲（2013年）175頁.
263) UNEA, Chiffres clés. https://www.unea.fr/chiffres-cles（2024年7月10日最終閲覧）
264) Décret n° 2008-224 du 7 mars 2008により80%以上と定められていた.
265) Décret n° 2019-39 du 23 janvier 2019.
266) 移行期間の特例的措置として2019年に90%，2020年に85%，2021年に80%，2022年に75%とされた.
267) C. trav., D. 5213-63, D. 5213-63-1.
268) 条文上は100%以下とされるが，助成対象の上限がある. C. trav., D. 5212-63, D. 5213-63-1. EATTは例外である.

117

ち2年以上離職していること，ソーシャルミニマムの社会的扶助を受けていること，教育レベルがレベル3以下であること，難民であること等が含まれる[269]．

この他，2つの実験的施策が2018年から開始された[270]．既存の適合企業の形態[271]に対して，有期雇用スプリングボード（contrat à durée déterminée « tremplin »），派遣労働適合企業EATTと呼ばれる．これらに関しては次項で詳述する．

また，この適合企業で労働する者の賃金についても触れておかねばならない．少し古いデータだが，適合企業で就労する労働者の賃金は以下となる（表15）．

表15　適合企業・労働者の年あたり賃金分布（2010）

分布	比率	金額
最低賃金から最低賃金+5%	64%	16,052€
最低賃金+5%から最低賃金+10%	21%	16,855€
その他	15%	-

出典：KPMG, 2010, La valeur ajoutée économique et sociale des entreprises adaptées, p.11 より著者作成

　上記のように，労働者の8割以上が最低賃金プラス10%以内の所得を得ている．こうした所得保障を実現しているのは国庫からの助成（職務助成金）であり，賃金補填である点は重要であろう．以下に助成の側面から詳述する．

(2) 適合企業に対する助成

　一般的な適合企業の他，後述する実験的施策を行う適合企業が存在する．どちらも助成の主要な部分は職務助成（賃金補填）である．この他，一般企業への出向にかかる助成金，適合企業の変革にかかる助成金，刑務環境適合

---

269) Arrêté du 19 avril 2022 relatif aux critères des recrutements opérés hors expérimentation, soit sur proposition du service public de l'emploi, soit directement par les entreprises adaptées, et susceptibles d'ouvrir droit aux aides financières de l'Etat. なお，雇用公共サービスを通すか，企業が直接採用するかによって条件は異なる．

270) 当初は「障害者健常者混合モデル適合企業」（entreprise adaptée pro-inclusive fondée sur la mixté et la parité dans les effectifs salariés entre travailleurs handicapés et autres profils）を含み3つが計画されたが，実際には上記の2つが実施された．障害者健常者混合モデル適合企業の実施は延期され，新型コロナウイルスの影響もあり中止されている．ドイツモデルを参照し，障害者数下限40%，上限を50%未満とする．詳細はDGEFPの通達等を参照．Ministère du travail, Instruction N° DGEFP/METH/2019/42 du 21 février 2019 ; Questions-réponses Réforme des Entreprises Adaptées PIC EA, 5.5.2022.

271) 実験的施策による新しい形態と区別して，一般的な適合企業の形態をEA socleと呼ぶことがある．

企業に対する助成などが存在する.

A． 一般的な適合企業の職務助成金（aide au poste, EA socle）

　障害労働者の給与を補填するための助成であり，財源は国庫となる．適合企業の場合，職務助成は当該労働者の年齢別にフルタイム人員あたりで計算される．2024年は年額で50歳未満に対して17,877ユーロ，50から55歳に対して18,108ユーロ，56歳以上に対して18,574ユーロが助成される[272]．上記は年額であるが，実際の労働時間により毎月支払われる．金額は毎年，最低賃金に合わせて改定される[273]．

　なお，病気や事故による休業の場合に最初の3日については通常通り実働時間として助成されるが，それ以降に対してはSMICの30%を基準として助成されることとなる[274]．

　2016年予算として3億1,700万ユーロが計上された[275]．2021年予算では4億119万ユーロに引き上げられているが，適合企業の機能を強化するためである[276]．2024年度予算の費用対効果比年次計画には一般的な適合企業の職務助成に対して4億8,070万ユーロが見積もられている[277]．

　かつては加えて特別助成（subvention spécifique）が存在した．職務助成金を補うことが目的で，この特別助成は2016年には予算として4,000万ユーロが計上されていたが[278]，2019年廃止された[279]．

B． 実験的施策のための助成（aides spécifiques fixées pour les dispositifs expérimentaux）

　2018年法76条，78条，79条に基づき，3つの実験的施策が立ち上げられた.

---

272) Arrêté du 29 décembre 2023 fixant les montants des aides financières susceptibles d'être attribuées aux entreprises adaptées, Arrêté du 18 mars 2024 fixant le montant de l'aide financière susceptible d'être attribué aux entreprises adaptées de travail temporaire et aux entreprises adaptées ayant recours au contrat à durée déterminée mentionné à l'article L. 5213-13-2 du code du travail.

273) C. trav., R. 5213-76.

274) C. trav., R. 5213-77.

275) IGF, IGAS, Les entreprises adaptées, Rapport, 2016, p. 24.

276) UNEA, Le PLF 2021 confirme le cap, 9.10.2020. https://www.unea.fr/le-plf-2021-confirme-le-cap （2024 年 7 月 10 日最終閲覧）

277) Gouvernement, Projet annuel de performances 2024, programme 102, p. 48.

278) IGF, IGAS, op.cit., 2016, p. 24.

279) Décret n° 2019-39 du 23 janvier 2019.

2018年11月から2022年12月31日までを移行支援のための実験的施策試用期間としていたが，2023月12月31日まで延長が決定された[280]．その後，完全雇用のための法律（Loi n° 2023-1196 du 18 décembre 2023）及び二つのデクレ（Décret n° 2024-99 du 10 février 2024, Décret n° 2024-100 du 10 février 2024）により有期雇用スプリングボードと派遣労働適合企業EATTは恒常化された．

（a）有期雇用「スプリングボード」

2018月11月20日に実験的に開始され[281]，その後恒常化された．一般適合企業で実施される特別な有期雇用契約である．期間は更新を含めて4か月から24か月と定められるが，特例的に困難性の高い50歳以上の労働者について60か月を超えない範囲で延長されることがある[282]．週間労働時間は20時間以上とされる[283]．職場体験期間（PMSMP）や6か月以上の有期労働契約の試用，また雇用が行われた場合等においてはこの労働契約は予告なしに解約されることがある[284]．

2024年の国からの助成金（職務助成）はフルタイムあたり年間12,212ユーロである[285]．金額が実働時間に比例する点は一般的な適合企業の職務助成と変わらないが，加えてこの有期雇用契約の場合には支援実績や結果に基づき，上記基本額の10％の範囲内で変動する加算額がある[286]．2024年度予算にかかる費用対効果比年次計画には，この「スプリングボード」の職務助成として2,901万ユーロが計上されている[287]．

（b）派遣労働適合企業EATT

2019年1月1日に開始された[288]．本来，一般的な適合企業の労働契約は有期か無期契約となるが，EATTでは派遣労働契約[289]となる．国との間でCPOMが結ばれることは一般の適合企業と同様であり，その手続も類似する[290]．通常の

280）Loi n° 2018-771 du 5 septembre 2018, art. 78, Loi n° 2022-1726 du 30 décembre 2022 de finances pour 2023, art. 210.
281）Décret n° 2018-990 du 14 novembre 2018.
282）C. trav., R. 5213-79.
283）C. trav., R. 5213-79-1.
284）C. trav., R. 5213-79-2.
285）Arrêté du 18 mars 2024 fixant le montant de l'aide financière susceptible d'être attribué aux entreprises adaptées de travail temporaire et aux entreprises adaptées ayant recours au contrat à durée déterminée mentionné à l'article L. 5213-13-2 du code du travail.
286）C. trav., R. 5213-76. 年に一度，報告書の提出後に支払われる．
287）Gouvernement, Projet annuel de performances 2024, programme 102, p. 48.
288）詳細はDGEFPの通達（Ministère du travail, Instruction N° DGEFP/METH/2019/42 du 21 février 2019）及び Décret n° 2019-360 du 24 avril 2019 を参照．
289）臨時労働契約，または派遣労働契約（contrat de travail temporaire, intérim）は特定の職務のために雇用される有期契約である．日本よりも限定されているが，派遣労働に近く，そのように訳されることもある．たとえば季節労働者や休職者の代理などがある．
290）C. trav., R. 5213-86-1, R. 5213-86-2.

第3章　フランスの障害者雇用と福祉

派遣労働だけでなく，職場体験期間（PMSMP）や一般の適合企業が行うような企業への出向も含まれる[291]．

このタイプの適合企業における雇用は100%障害労働者とされる．一般の適合企業と同様に職務助成が行われる．2024年は年間フルタイム換算で5,191ユーロが助成され，実際の労働時間に応じて毎月支払われる．金額は毎年，最低賃金に合わせて改定される．これに加え，支援実績や結果に基づき，上記基本額の10%の範囲内で変動する加算額があることも一般の適合企業における有期雇用「スプリングボード」と同じである[292]．一般企業への出向にかかる助成金は適用外とされる．2024年度予算費用対効果比年次計画にEATTへの職務助成の枠で292万ユーロが計上されている[293]．

C．出向支援金（aide aux mises à disposition）

出向支援助成金は適合企業から他の一般企業との合意により，障害労働者が出向[294]した場合に，その個人的支援のために適合企業に助成される．EATTは適用外である．出向の支援期間に対して，年間フルタイム換算あたり4,760ユーロが支払われる[295]．なおこの出向支援金に対する2024年予算費用対効果比年次計画として173万ユーロが計上されていた[296]．

D．適合企業の変革にかかる支援（accompagnement à la transformation des entreprises adaptées）

適合企業改革支援基金（Fonds d'accompagnement à la transformation des entreprises adaptées, FATEA）に申請する．2023年度は3つのプロジェクトに対して優先的に助成が行われた．第一にEATT及び刑務環境適合企業を除く適合企業が事業の拡大や雇用創出，または障害者労働者のキャリア支援能力強化を促進するプロジェクト（特に共同プロジェクト），第二にEATTの強化を促進するプロジェクト，第三に刑務環境適合企業の設置に関するプロジェクトである．第一のプロジェクトに対しては許容可能なコストの50%が支給された．

291) C. trav., R. 5213-86-3.
292) C. trav., R. 5213-86-5.
293) Gouvernement, Projet annuel de performances 2024, programme 102, p. 49.
294) 1年契約で1回更新可能．
295) C. trav., D. 5213-81.
296) Gouvernement, Projet annuel de performances 2024, programme 102, p. 49.

121

第二のプロジェクトには2つの方針が用意され，うち1つに該当する場合は30,000ユーロ，2つに該当する場合は45,000ユーロが与えられた．第三のプロジェクトには30,000ユーロが支給されている．これらの支援のために2023年は1,000万ユーロが準備された[297]．2024年はこの支援は予定されていない[298]．

E．刑務環境適合企業助成 （aide au poste dans les entreprises adaptées en milieu pénitentiaire）

刑務環境適合企業はDécret n° 2021-359 du 31 mars 2021, Décret n° 2021-362 du 31 mars 2021に規定され，その助成も2021年に創設された．フルタイムあたりの職務助成額は一般的な適合企業のものと同一である．2024年予算費用対効果比年次計画として145万ユーロが計上されている[299]．

以上のように主に国庫から適合企業に対する助成，とりわけ職務に対する賃金補填としての助成がなされているが，これにより適合企業で就労する労働者の収入が保障され，またキャリアアップのための支援がなされている点に特徴がある．近年は実験的施策により，長期間失業している障害者に対して，派遣労働や有期雇用を入口にしてキャリアアップを図っている．

7．福祉的就労施設での就労

（1）ESATについて

A．基礎情報

2005年法により労働支援機関・サービス （établissement et service d'aide par le travail, ESAT）[300] に再編されるまでは労働援助センター （centre d'aide par le tra-

---

297) Ministère du travail, du plein emploi, et de l'insertion, Appel à projets Fonds d'accompagnement à la transformation des entreprises adaptées （FATEA） Année 2023. https://travail-emploi.gouv.fr/IMG/pdf/aap_fatea_2023.pdf （2024年7月10日最終閲覧）
298) Gouvernement, Projet annuel de performances 2024, programme 102, p. 49.
299) Ibid.
300) 2023年の完全雇用のための法律により établissement et service d'accompagnement par le travail と改名された．

vail, CAT）と呼ばれる施設であった．歴史を遡ると慈善活動家によって障害者
作業所（atelier pour infirmes）が作られるのが1850年頃である[301]．1953年11月
29日のデクレ[302]により，家族福祉法典[303] L. 168条において，上述のCATにつ
いて初めて言及されているが，詳細は定められていなかった．1957年11月23
日の法律[304]で保護雇用の法的原則が定められ，同時に適合企業の前身である
保護作業所（atelier protégé, AP）も設置される．その後，CATに関する1964年
12月18日の通達[305]により，CATとAPは明確に区別されるようになった[306]．

　2005年法により，ほぼ現在の形となり，その後，ESATとその利用者の労働
者性を巡る議論を経て，2022年（3DS法）及び2023年（完全雇用のための法
律）の法改正により現行に至る．

　ESATへの入所条件は2022年の改正により「労働能力により（…）通常の企
業や適合企業で働くことができない者，または独立した職業活動を行うこと
ができない者」であったものが「労働能力が制限され，医療的，社会的，医
療社会福祉的支援が必要な者」に変更された（CASF, L 344-2）[307]．具体的には，
20歳以上[308]で，健常労働者の労働能力の3分の1以下であるか，または3分の
1以上の労働能力であっても医療的，教育的，社会的，ないし心理的な支援を
要する者とされる[309]．CDAPHがESATへの入所を決定するが，通常6か月の試
用期間が設けられ，ESATの長により試用期間をさらに6か月延長することが
できる．結ばれる契約は労働契約ではなく，利用者としての労働支援契約で
ある[310]．期限は1年で毎年更新される[311]．後述するように2022法により，利用

301）ヴェルシュ，大曽根・前掲（2016年）82頁．
302）Décret n° 23-1186 du 29 novembre 1953.
303）Code de la famille et de l'aide sociale. 現在は社会福祉・家族法典（Code de l'action sociale et
　　des familles）と呼ばれる．
304）Loi n° 57-1223 du 23 novembre 1957.
305）Circulaire du 18 décembre 1964 relative aux CAT.
306）ヴェルシュ，大曽根・前掲（2016年）82頁．
307）すなわち今後，ESAT利用者及び施設が一般の労働市場に位置付けられる可能性をはらん
　　でいる．
308）CDAPH（県障害者権利自立委員会）の判断により，16歳以上の者が許可されることがあ
　　る．
309）CASF, R. 243-1.
310）CASF, Annexe 3-9に契約の雛形がある．
311）Ministère du travail de la santé et des solidarités, ESAT | Etablissements ou services d'aide par le
　　travail, 21.2.2023. https://travail-emploi.gouv.fr/droit-du-travail/handicap-et-travail/article/esat-
　　etablissements-ou-services-d-aide-par-le-travail（2024年7月10日最終閲覧）Service public,
　　Handicap : travail en établissement et service d'aide par le travail（Esat）, 1.5.2023. https://www.
　　service-public.fr/particuliers/vosdroits/F1654（2024年7月10日最終閲覧）

者は一般雇用の企業に同時に所属することができる.

　対象とする障害の内訳は, 2019年の報告によれば知的障害64%, 精神障害
23%, 身体障害3%, 感覚器障害2%, 自閉症2%, その他6%である[312]. なお
厚生労働省によれば日本の就労継続支援Ｂ型事業所の障害別内訳は知的障害
53%, 精神障害34%, 身体障害12%であり[313], フランスのESATのほうが知的
障害をもつ就労者の割合は多い.

B. SERAFIN-PH

　SERAFIN-PH（services et établissements : réforme pour une adéquation des finan-
cements aux parcours des personnes handicapées）とは, ESATを含む障害者向け
の医療社会福祉施設への財政支援について, 必要性と支援内容に応じて適切
に助成を行うための改革案であり, 施設に対する予算配分を公平なものとす
ること, 予算配分に関するプロセスの簡易化, 及び障害者が生活しやすい環
境を提供することを目的としている. また支援のばらつきを抑制することも
期待されており, 後述の分類表は支援者が共通で利用できるツールとして考
えられている[314].

　プロジェクトは2015年から開始され, 2017年にはデクレ[315]によって認可さ
れる医療社会福祉施設及び支援対象の再分類がなされた. 2018年からは新た
な資金調達モデルが模索された. 2019年には, 目標及び手段に関する多年次
契約（CPOM）に基づき決定される基礎予算部分と支援対象等に基づき変動す
る予算部分を含む混合モデルが検討され, 承認された[316]. 2022年には実験的に

---

312) IGF, IGAS, Les établissements et services d'aide par le travail (ESAT), Rapport, 2019, p. 15.
313) 厚生労働省「説明資料（障害福祉サービスにおける就労支援）」（2019年）8頁. https://www.
　　soumu.go.jp/main_content/000621668.pdf（2024年7月10日最終閲覧）
314) CNSA, Réforme tarifaire des établissements et services pour personnes handicapées (SERAFIN-
　　PH). https://www.cnsa.fr/budget-et-financement/serafin-PH（2024年7月10日最終閲覧）; DGCS,
　　Ministère des affaires sociales, de la santé et des droits des femmes, CNSA,　Nomenclatures
　　: besoins et prestations détaillées, 21.1.2016. https://sante.gouv.fr/IMG/pdf/nomenclatures_
　　serafinphdetaillees_mars_16.pdf（2024年7月10日最終閲覧）; Ministère de la santé et de la
　　prévention, SERAFIN-PH : en charge de la réforme, 19.9.2019. https://sante.gouv.fr/archives/
　　archives-handicap/article/serafin-ph-en-charge-de-la-reforme（2024年7月10日最終閲覧）
315) Décret n° 2017-982 du 9 mai 2017.
316) DGCS, SERAFIN-PH, CNSA, Premières propositions sur des modèles de financement possibles
　　dans le cadre de la réforme tarifaire SERAFIN-PH. Rapport de synthèse, novembre 2019. https://
　　www.cnsa.fr/sites/default/files/2024-05/rapport_final.pdf（2024年7月10日最終閲覧）; Secrétariat
　　d'État chargé des personnes handicapées, Communiqué de presse, Comité Stratégique SERAFIN-
　　PH : Sophie CLUZEL précise et accélère la réforme de la tarification, 14 novembre 2019. https://
　　www.lemediasocial.fr/hulkStatic/EL/ELI/2019/11/f9c5fa1d6-4379-4eb3-8d5e-d73c90774473/
　　sharp_/ANX/communiqueserafin.pdf（2024年7月10日最終閲覧）

第3章　フランスの障害者雇用と福祉

導入する施設を募り，1,200以上の施設が応募している[317]．2025年からは徐々に正式導入される予定である[318]．

　支援対象のニーズ，及びそれに応えるための支援の詳細な分類表が作成されているが，これから支援に対する給付額の客観化を経て施設への給付額が決められることになる．分類表は大きく「ニーズ分類」[319]「支援分類（直接支援／ケアとサポート）」[320]「支援分類（間接支援／ケアとサポート）」[321]の3つに分けられ，それぞれ細かく下位分類されている[322]．

　一方でSERAFIN-PHには批判的な意見も少なくない．フランス版DRG[323]とも呼ばれるT2A[324]の轍を踏むのではないか，という批判もある．例えばCadillonは，障害や症状の軽減に集中し，障害を持つ個人やその多様性への配慮が疎かになること，支援者は詳細なニーズに応えることに拘束され一貫した支援が困難となること，施設は施設同士あるいは低コストの民間営利団体との競合となること，日割計算に基づいた予算から出来高払いへの移行によって

---

317) ATIH, Présentation synthétique de l'Expérimentation SERAFIN-PH 2022. https://www.atih. sante.fr/sites/default/files/public/content/4160/presentation_synthetique_et_operationnelle_ experimentation_serafin-ph_2022_v2.pdf（2024年7月10日最終閲覧）ATIH, Session d' information expérimentation 2022 Réforme SERAFIN-PH, février 2022. https://www.atih.sante.fr/ sites/default/files/public/content/4160/support_des_sessions_dinformation_tronc_commun_v2.pdf （2024 年 7 月 10 日最終閲覧）

318) 当初は2024年導入予定であった．Ministère du travail, de la santé et des solidarités, Cap vers la mise en œuvre de la réforme SERAFIN-PH, Services et Établissements : Réforme pour une Adéquation des financements aux parcours des Personnes Handicapées, 21.9.2021. https:// handicap.gouv.fr/cap-vers-la-mise-en-oeuvre-de-la-reforme-serafin-ph-services-et-etablissements-reforme-pour-une （2024年7月10日最終閲覧）; Comité stratégique SERAFIN-PH : la réforme de la tarification sera déployée à partir de 2025, 14.2.2023. https://handicap.gouv.fr/comite-strategique-serafin-ph-la-reforme-de-la-tarification-sera-deployee-partir-de-2025 （2024年7月10日最終閲覧）

319)「身体及び精神の健康に関するニーズ」「自立に関するニーズ」「社会参加のためのニーズ」に分類され，さらに細かく分類される．

320)「ケア，健康維持，機能的能力発展の支援」「自立に関する支援」「社会参加のための支援」に分類され，さらに細かく分類される．

321)「管理・マネージメント・協力の職務」「後方支援業務」に分類され，さらに細かく分類される．

322) SERAFIN-PH, Nomenclatures Serafin-PH, mars 2016. https://sante.gouv.fr/IMG/pdf/presentation_ graphique_des_nomenclatures_mars_16.pdf（2024 年 7 月 10 日最終閲覧）

323) Diagnosis Related Group.

324) 大来志郎「コロナ危機下におけるフランスの 制度改革の行方 〜医療提供体制改革編・下〜」ファイナンス 57（5）（2021年）18-27 頁　https://www.mof.go.jp/public_relations/finance/ 202110/202110f.pdf（2024 年 7 月 10 日最終閲覧）奥田七峰子「フランスにおける診療報酬決定プロセスに関する調査」（日本医師会総合政策研究機構・2006 年）https://www.jmari. med.or.jp/download/OR096.pdf（2024 年 7 月 10 日最終閲覧）真野俊樹「フランス医療制度から日本への示唆：日本に近い制度を持つ国からの学び」共済総合研究 63 号（2011 年）64-81 頁．https://www.jkri.or.jp/PDF/2011/sogo_63_mano.pdf（2024 年 7 月 10 日最終閲覧）T2A（tarification à l'activité）とは病院等の診療報酬の出来高払い制度である．それまで総額予算制であった診療報酬は 2004 年に疾病別定額の出来高払いとなった．大来は T2A には過剰医療行為，治療の質・予防効果の評価困難，関係者間の協働の困難といった批判があることを指摘している．T2A の割合は縮小の傾向にある．

125

中長期的支援計画が困難となること，支援が外注になってしまう恐れがあること等を指摘している[325]．

　とりわけ支援者の一貫した支援に齟齬を来すようであれば，分類表における「管理・マネージメント・協力の職務」「後方支援業務」の評価が重要となってくるだろう．また支援の質を維持，向上させるために評価項目の適切性の検証とそのアップデートは必要であると考えられる．

C．3DS法と完全雇用のための法律

　ESAT利用者の休暇権を巡って争われたFenoll事件の先決裁定及び破毀院判決とその前後の議論（後述）を受けて「ESAT変革計画」[326]が発表され，その焦点は，「職業的経路途上にある人々の支援を行うESATの使命を強化し，新しいダイナミクスを作り出すこと」であった[327]．続く2022年に3DS法[328]において改革が実行され，デクレ[329]が具体的な事柄を定めた．

　3DS法とは地方行政の3つのD（Différenciation, Décentralization, Déconcentration, 差異化，地方分権化，地方分散化）とS（Simplification, 簡便化）に関する政策のことで，地域自治体の変革に関する法案[330]である．このうち，本章

---

325) Luc Cadillon, SERAFIN PH. La T2A arrive dans le secteur social et médico-social, CGT, 30.6.2021. https://cgt-apajh33.org/wp-content/uploads/2019/10/Article-Serafin-Luc-Cadillon-.pdf （2024年7月10日最終閲覧）

326) Secrétariat d'État chargé des personnes handicapées, Un plan de transformation des ESAT au bénéfice de tous, 9 juillet 2021.

327) Francisco Mananga, Les ESAT, entre milieu protégé et milieu ordinaire, Juris Associations, n° 661, juin 2022, pp. 41-42.

328) Loi n° 2022-217 du 21 février 2022 relative à la différenciation, la décentralisation, la déconcentration et portant diverses mesures de simplification de l'action publique locale.

329) Décret n° 2022-1561 du 13 décembre 2022. また Circulaire n° DGCS/SD3/2022/139 du 11 mai 2022. 合わせて通常環境とESATでパートタイムにて同時に働く者の成人障害者手当（AAH）の計算方法が明示された（Décret n° 2022-1614 du 22 décembre 2022）．詳細は F. Mananga, op.cit., 2022 ; F. Mananga, Travailleurs handicapés en ESAT : un statut en mutation, Juris Associations, n° 680, juin 2023, pp. 39-42 ; Delphine Castel, Nouveautés 2023, Juris Associations, n° 671, janvier 2023, pp. 40-42.

330) 具体的には以下の多岐に渡る内容を含む．1) 地域機関の組織再編，2) 保健庁（ARS）改革，3) 地域保健議会（CTS）への社会的弱者の参加，4) 社会的権利に関する3年の実験期間，5) インクルーシブな居住形態に関する県議会長の役割，6) CNSAの出資に関する変革，7) インクルーシブな居住形態の組織，8) 障害者支援社会福祉及び医療社会福祉機関・サービス（ESSMS）の変革，9) ESATの改革，10) 自立支援住居に関する計画書提出の簡便化，11) 障害者派遣雇用に関する実験的施策の延長，12) 社会福祉・医療社会福祉公共施設長の地位の変更，13) 行政手続の簡易化，14) 職業参入に関する機関の間の情報共有，15) 職業参入に関する機関に対する公共資産の無償譲渡．CNFPT, Loi 3DS Guide à l'usage des collectivités territoriales, 2022 ; Collectif Handicap 54, Ce que modifie la loi 3DS dans le domaine du handicap !, 9.3.2022. https://collectifhandicap54.org/2022/03/09/ce-que-modifie-la-loi-3ds-dans-le-domaine-du-handicap/ （2024年7月10日最終閲覧）

第3章　フランスの障害者雇用と福祉

で関わるのはESATの改革である．特に，ESATの所属者は，一般企業，適合企業，個人事業に同時にパートタイムとして属することができる（フルタイム換算時間を超えることはできない）ようになったことが注目される．関連するESATの改革は以下の内容となっている[331]．すなわち，1）ESATから一般就労への移行については別途デクレにて定める．2）16歳から18歳（のちに15歳から20歳に改定）におけるRQTH自動認定（学校教育個別計画，AEEHあるいはPCHがある場合，若者がスティグマを恐れ申請しないことへの対策）[332]．3）ESATの定義自体の変更，緩和がなされる．すなわち能力が減退した者で社会福祉的，医療的，医療社会福祉的支援の必要な者が対象となる．4）ESATの所属者は同時に一般企業，EA，個人事業にパートタイムとして属することができる（フルタイム換算時間を超えることはできない）．5）ESAT出身者が一般就労において就労中断せざるをえなくなった場合，いつでもESATに戻ることができる．また援助付き雇用の利用も可能である．

続く2022年12月13日のESATに入所した障害労働者の職業キャリア及び権利に関するデクレ第2022-1561号（Décret n° 2022-1561 du 13 décembre 2022）が具体的な内容を定めている．この改革で最も重要なものは4つに集約できよう．一般環境での同時就労が可能となったこと，入所者の定義の変更，休暇権の強化，利用者の代表権に関する権利の強化である．

まずCDAPHによるESATへの進路指導により，利用者はESATでの活動と一般労働市場（適合企業を含む）での職業活動を同時にパートタイムで行うことができる[333]．関連して，施設就労者の一般労働への移行を後押しする目的

---

331) Handicap & Société, Loi « 3DS » : du nouveau pour l'insertion professionnelle et les ESAT ?, 4.3.2022. http://www.fondshs.fr/lois-et-reglements/loi-3DS-du-nouveau-pour-insertion-professionnelle-et-esat (2024年7月10日最終閲覧)；Secrétariat d'État chargé des personnes handicapées, Présentation synthétique plan de transformation des ESAT, 2022. https://www.google.com/url?sa=t&rct=j&q=&esrc=s&source=web&cd=&ved=2ahUKEwj10K34h5f9AhXcr1YBHZdiBTgQFnoECAgQAQ&url=https%3A%2F%2Fcollectifhandicap54.org%2Fwp-content%2Fuploads%2F2022%2F06%2FPlan-de-transformation-des-ESAT-M.-BOISSONNAT-1.pdf&usg=AOvVaw2K9W9lz7LnBtqgmaVxDA7i (2024年7月10日最終閲覧)

332) 2023年の完全雇用のための法律により15歳から20歳の若年者に対してはAEEH，PCHの受給または学校教育個別計画（projet personnalisé de scolarisation, PPS）の対象者となることを以て付与されることとされた．C. trav. L. 5213-2.

333) CASF, L. 344-2, R. 243-3 et suivant. 労働法典に定められる一日の労働時間，法定労働時間を超えない．労働時間と休暇は労働者，ESAT，使用者の合意によって定める（CASF, R. 243-3-1）．ESATから一般就労への移行は「雇用強化プログラム（parcours renforcé en emploi）」（C. trav. R. 5213-1-2）とされ，使用者とESAT等で結ばれる支援協定の枠組で出身ESATのサポートを必ず受ける（期間は1年，二回更新可能，CASF, L. 344-2-5）．支援協定の終了時にはCDAPHまたは雇用公共サービス（キャップ・アンプロワ，フランス・トラヴァイユ，

127

において，ESATは少なくとも地域の雇用公共サービス，県の援助付き雇用プラットフォーム管理者，県内また隣接県の適合企業と提携合意をするものとする（CASF, R.344-7）.

ESAT受け入れの条件についても改正され「労働能力により（…）通常の企業や適合企業で働くことができない者，または独立した職業活動を行うことができない者」であったものが「労働能力が制限され，医療的，社会福祉的，医療社会福祉的支援が必要な者」に変更された（CASF, L 344-2）[334].

休暇権の強化については後述するFenoll判決以降の議論に沿うものである．休暇の取得について修正され，従前よりも多くの労働法に定められた権利が，CASFにおいて認められている[335]. ESAT利用者の年次有給休暇は取得年の間に消化される（労働災害や職業病の場合を除く）と規定され，出産等休暇から復帰した者の年次有給休暇権等が定められた．また家族の行事に関して，労働法典で定められた条件及び規定に従い，報酬が削減されることなく休暇を取得できるが（CASF, R. 243-12），改革ではこのリストが拡充されている．改正前は休日労働の規制がなかったが，これに関しても規定された（CASF, R. 243-11-1）.

利用者の代表権については，3年ごとに代表者を選出することとされた．代表者は18歳以上で6か月以上の在籍を要し，施設負担により教育を受けつつ，月5時間，代表者としての仕事を就労時間として行うことができる．代表者は社会生活委員会（conseil de la vie sociale, CVS）[336] の委員を兼任する（CASF, R. 243-13-1）.

関連して利用者側とESAT側労働者が同数の会議体を置くこととされた．利用者側代表はCVS委員及び上記に定められる代表者である．労働生活の質，安全衛生，労災リスクの評価や予防策等について議決し，会議は四半期に一度

ミッション・ローカル）による指導に基づき，県の援助付き雇用（ジョブコーチ）プラットフォームが支援を行う（C. trav., R. 5213-1-2）．労働契約終了の場合には出身ESAT（期限内に合意が得られるならば他所ESATも可能）に復帰できる（CASF, L. 344-2-5, R. 243-4-1, C. trav. R. 5213-1 et suivant）.

334) 本書122-124頁参照.

335) 休暇の取得について修正された（CASF, R. 243-11 à R. 243-12）．CASF, R. 243-13 により C. trav., L. 1225-16 に定められる欠勤，及び休暇が適用可能である（L. 1225-17 à L. 1225-24, L. 1225-28, L. 1225-35, L. 1225-35-1, L.1225-47 à L.1225-54, L.1225-61, L. 1225-62 à L. 1225-65 sauf L. 1225-64, L. 3142-6 à L. 3142-9, L. 3142-12 à L. 3142-15, L. 3142-16 à L. 3142-24 sauf L. 3142-22 et L. 3142-23, L. 3142-27）.

336) Hervé Rihal, Le statut des personnes handicapées employées par les ESAT, entre travailleurs et usagers d'un établissement social, Revue de droit sanitaire et social, n° 1, 2014, p. 51 はその詳細を紹介し，企業委員会（comité d'entreprise）の初期段階と考えられると指摘する.

開催する[337]．既存の社会生活委員会と違い，施設の一般従業員と利用者の同数委員会であるため，この会議体では双方の意思疎通と，利用者の発言力の相対的向上が期待できるだろう．

この2022年法を補完する形で，2023年12月18日に完全雇用のための法律（Loi n° 2023-1196 du 18 décembre 2023）が可決された．ESAT就労者に対してストライキ権と組合加入権が認められた．その他，補足的医療保険加入の義務，前述の利用者側・施設側同数会議体の社会経済委員会への参加，また労働法に準拠する形での集団的・直接的な発言権，危険な状況に関する警告権及び退避権，交通費の支給，レストラン・チケットの配布等が定められている．ESATの利用者の労働者としての権利が強化されていくことになるが，福祉法制（CASF）の枠内において労働法上の権利，またはこれに類似する権利を規定するという2005年法以来の基本的方針は維持されている．

(2) ESATの助成
ESATへの助成は大きく2種類存在する．経常総合交付金と職務助成金である．

A．経常費総合交付金 (dotation globale de fonctionnement ; dotation globale de financement)
ESATに限らない，医療社会福祉施設の運営にかかる交付金である．社会福祉・家族法典L314-1条以下，R.314-3条及びR. 314-106以下に規定がある．様々な医療社会福祉関連施設への交付金の1つとしてESATへの交付金がある．現在，CNSAの支出のほとんど（8割）が地域保健庁を通して医療社会福祉施設の運営に充てられている[338]．障害者総支出目標（objectif global de dépenses pour personnes handicapés, OGD PH[339]）によるCNSAから医療社会福祉施設への資金は139億ユーロであり，これに県が支出する56億ユーロが加算されている（2022年）[340]．

うち，ESATへの交付金に関しては，財源はかつて国の一般予算[341]だったが，

---

337) CASF, R. 344-7-1. 詳細は Loi n° 2023-1196, art.14 にて定められた.
338) CNSA, Chiffres clés de l'aide à l'autonomie 2024. https://www.cnsa.fr/sites/default/files/2024-06/PUB-CNSA_Chiffres_cles_2024_Access-01.pdf (2024 年 7 月 10 日最終閲覧)
339) ONDAMの下位に位置づけられる.
340) Gouvernement, Rapport à la Comission des comptes de la Sécurité sociale, mai 2024, pp. 120-125.
341) 後述の職務助成金と同様に予算プログラム 157「障害と介護」に分類されていた.

2017年より社会保障予算として疾病保険に移管することとなった[342]．その後，Loi organique n° 2020-991 及び Loi n° 2020-992 により，2021年1月1日から社会保障一般制度の，それまでは「家族」「疾病」「労災」「老齢」であった部門に「自立」が加わり，この予算を障害者総支出目標（OGD PH）の枠組みでCNSAが管理することとなった．

　ESATへの交付金は主に施設従業員の給与（人件費）や施設維持等に使われる[343]．施設間の均衡を図るため，障害者1人あたりの支援額に上限が定められている[344]．ARS（地域保健庁）との協議により，稼働率を参照し，金額が決定され交付される[345]．2018年のデータでは予算のうち約15億ユーロが充てられていた[346]．上限額は稼働率[347]上の障害労働者1人員あたり13,266ユーロ（2019年），受給平均額は同じく1人員あたり12,100ユーロであった[348]．2022年のデータではこの助成は16億3,936万ユーロにのぼる[349]．

　この経常費総合交付金は今後，前述のSRAFIN-PHによって大きく変わることが見込まれる．

B．職務助成金（aide au poste）

　社会福祉・家族法典L. 243-4条及びR. 243-6条の保障報酬に関する規定に言及がある[350]．職務助成金は障害労働者に対して，賃金を補填する意味で助成されるものである．後述するように最低賃金の50.7%を超えない額が交付される．2018年のデータによれば予算から約13億ユーロが充てられていた[351]．国庫（予算プログラム157「障害と介護」に記載される）よりサービス・支払機

---

342) 全国疾病保険支出目標（ONDAM）の枠内．Eric Bocquet, II. Le programme 157 « Handicap et dépendance » : Une part importante du financement de la politique du handicap transféré à l'Assurance-Maladie et à la CNSA, Sénat. https://www.senat.fr/commission/fin/pjlf2017/np/np28/np284.html（2024年7月10日最終閲覧）
343) IGF, IGAS, op.cit., 2019, rapport, p. 25.
344) Arrêté du 21 mai 2024 fixant au titre de l'année 2024 les tarifs plafonds prévus au II de l'article L. 314-3 du code de l'action sociale et des familles applicables aux établissements et services mentionnés au a du 5° du I de l'article L. 312-1 du même code.
345) IGF, IGAS, op.cit., 2019, rapport, pp. 10-11.
346) Ibid.
347) 稼働率の計算は施設によりまちまちであったが，ANDICAT により基準が示されている．ANDICAT, Mesure de l'activité des ESAT par le calcul d'un taux d'occupation harmonisé, 2017.
348) IGF, IGAS, op.cit., 2019, rapport, pp. 10-11.
349) Gouvernement, PLFSS 2024, annexe 6, p. 44.
350) なお適合企業への職務助成金とは異なるものであり，適合企業への職務助成は労働法典に規定され，予算プログラム102「雇用と再雇用」に記載される．
351) IGF, IGAS, op.cit., 2019, rapport, pp. 10-11.

関（Agence de services et de paiement, ASP）を通じて給付される．ポストあたりの平均額に換算すると11,000ユーロとされる[352]．2024年のこの助成にかかる予算費用対効果比年次計画としては16億1,400万ユーロが見込まれている[353]．

C．ESATとみなし雇用

1987年法により，納付金の導入に付随して，直接雇用以外の雇用義務履行法が規定された．納付金の支払い，労働協約の締結と保護労働施設への外注である．保護労働施設への外注分はいわゆるみなし雇用であるが，2005年法においても踏襲され，雇用義務の50%までESATや適合企業に対する外注によって雇用率にカウントされることが認められた[354]．このみなし雇用は2018年法により廃止され，ドイツと同様に施設への外注分は雇用率に含めるのではなく，納付金からの減額というインセンティブとなった．

現行では，外注の対象となるのはESATの他，適合企業及び障害者独立自営業者である．納付金減額の計算方法であるが，まず障害者作業分総計を算出する．発注額（税抜）から原材料費，下請・中間費用，売却・商業費用等を差し引いたものが障害者作業分総計である．この障害者作業分総計の30%が外注による控除額となる．控除最大額に上限があり，雇用義務達成率が半分未満の企業は納付金概算額の50%まで，雇用義務の半分を達成した企業は納付金概算の75%まで控除を受けることができる[355]．

ESATと適合企業の事業性に関してみなし雇用の演じた役割は大きい．少なくとも2018年法による改定までは，一般企業は自社の雇用率（法定6%）の半分までは外注により補うことができた．ESATや適合企業の主な顧客は民間企業であり（80%），多くは中小企業及び零細企業である（全体の68%）[356]．

外注と言えば製品の購入がまず想起されるが，それだけではなく，サービスも重要な商品である[357]．ESAT及び適合企業の障害労働者のうち，22%は顧客

---

352) IGF, IGAS, op.cit., 2019, Annexe IV, pp. 4.
353) Gouvernement, Projet annuel de performances 2024, programme 157, pp. 30-32.
354) みなし分は発注額から原材料費等を差し引いた額を，最低賃金に2,000（物品購入の場合）ないし1,600（役務供給契約の場合）を掛けた数で割った数であった．永野・前掲（2013年）161-162頁．
355) C. trav., L. 5212-10-1, D. 5212-22.
356) GESAT, op.cit., 2021, p. 17.
357) 商品・サービスとして外注した企業が最も多かったのは園芸緑地サービス（16%），次いで清掃サービス（13%），続いてレストラン・住居・観光サービス（10%），印刷・複製等となっており，工芸，工業，食品加工はそれぞれ4%であった（ESAT，適合企業の合計）．

企業での労働を行っている[358]．こうした企業内授産は前述の出向または役務供給契約（contrat de prestation de service）という方法で行われうるが，このようなサービス提供を行うESATは「壁の外のESAT」（ESAT hors murs）と呼ばれる[359]．2018年法以前は単純な製品の購入よりも人的サービスの購入に優遇措置があったことも，役務供給による外注を後押ししたと考えられる[360]．こうしたみなし雇用などの措置により，ESATも適合企業も外部とのつながりを保ってきたのである．

　多くのESATは企業内授産を行っているが，企業内の一箇所に障害労働者を集めて作業を行うのではなく，企業内に分散する形で授産を行なっている例も存在する．例えば企業内に障害労働者を供給し，企業の従業員に混在するような形で事務的作業を行う，というものである[361]．このケースでは，労働契約ではないという意味で排除的であるが，環境としてはインクルーシブなものに近いと言えよう．

(3) ESAT利用者の所得保障

　ESATで就労する障害者の2018年の平均収入月額は，2019年のIGF, IGASによる報告書[362]によれば928.26ユーロ，年額にしておよそ11,139ユーロであった．この所得はESATによる支払額に職務助成金（賃金補填）を足したものであり，保障報酬と呼ばれる．これに加えて成人障害者手当（AAH）が受給できる．

A．保障報酬

　保障報酬（rémunération garantie）は2005年法によって導入された．社会福祉・家族法典L. 243-4条からL. 243-6条，R. 243-5条からR. 243-10条に定められる．

　障害者がL. 311-4条に記載された労働支援契約を締結した時点でESATに入

　　GESAT, op.cit., 2023, p. 34.
358) Ibid., p. 47.
359) GESAT, Mise à disposition, en milieu ordinaire, de travailleurs en situation de handicap. https://www.reseau-gesat.com/Travail-handicap/A-la-une/Articles-et-communiques/Actualites-du-STPA/Mise-a-disposition-en-milieu-ordinaire-de-travailleurs-en-situation-de-handicap-i2661.html（2024年7月10日最終閲覧）
360) 注354参照．
361) NIVR・前掲（2020年）188-190頁．
362) IGF, IGAS, op.cit., 2019, rapport, p.29.

所し，最低賃金の55.7%から110.7%の範囲内にある保障報酬を受け取ることができる．施設の運営規則で定められた対応する時間（労働法典のL. 3121-27条及びL. 3121-18条に記載されている実労働時間の範囲内）を行う場合，フルタイムで活動しているものと見なされる．この活動には，その活動を行うための支援に費される時間も含まれる．パートタイムでの活動には，保障報酬の金額は比例して減額される．保障報酬は職業的活動の停止期間中[363]にも支払われる．

保障報酬は，施設によって資金提供される部分（最低賃金の5%以上とされる）と，国からの助成金（職務助成金）で構成され，助成金は最低賃金の50.7%を超えない．施設負担分が最低賃金の5%以上20%以下の場合，助成金の金額は最低賃金の50.7%となる．施設負担分が最低賃金の20%を超えると，前述の助成金額である最低賃金の50.7%は，施設によって提供される負担分の増加に応じて削減される（1%の増加に対して0.5%ずつ削減）[364]．

また施設がR. 314-51条のIIの3°に基づき営業余剰を障害労働者のインセンティブに充てることを決定した場合，その障害労働者に支払われるボーナス（利益配分手当，prime d'intéressement）の金額は，その障害労働者について，年間保障報酬総額のうち施設負担分の10%が上限とされる．この利益配分手当はR. 243-9条第1項に定められる社会保険料の算定基礎ともなり，これに関しては国からの補填はない．

保障報酬に対する社会保険料については，失業保険はその対象とならないが，疾病保険料，労災保険料，家族手当保険料，老齢保険料，補足年金保険料等は一般労働者と同様にその対象となる[365]．障害労働者は，保障報酬の支給額から自身に課せられた保険料を支払う．国は，障害者担当大臣と社会保障担当大臣によって定められた基準に基づき，職務助成金分の保険料の補填を施設に対して行う．保障報酬のうち施設が支払う部分に相当する保険料は，施設によって負担される．また国はさらに障害労働者の加入する共済組合や保険会社に支払う保険料の一部（施設負担分の保障報酬の2%に相当する金額）を負担

---

363) CASF, R. 243-4, R. 243-11, R. 243-12, R. 243-13.
364) つまり施設の負担分が最低賃金の100%にあたる額の場合，職務助成金は最低賃金の10.7%となり，この場合の保障報酬合計額は最低賃金の110.7%となる．なお保障報酬の給与明細には職務助成金の額が明記される．
365) CASF, L. 243-5, L. 243-6, R. 243-9, R. 243-10, CSS, L. 242-1, Code rural et de la pêche maritime, L. 741-3, L. 741-9, L. 751-10 à L. 751-13.

する[366].

B．国による賃金補填と生活保障のための給付金に連動した給与（工賃）

　保障報酬のうちの大部分は国からの賃金補填となり，施設負担分が上昇するにつれて賃金補填分が減少するが，利用者に支払われる報酬は増加することになる．またその基準として最低賃金が用いられ，最低賃金の55.7%から110.7%の幅で報酬が付与される．

　一方で，ESATの利用者の多くは成人障害者手当（AAH）の受給者でもある．そのため，保障報酬と成人障害者手当の間には併給調整がなされる．成人障害者手当と保障報酬の合計は，労働時間151.67時間分の最低賃金の100%を超えないとされる．成人障害者手当と保障報酬の合計がこの限度を超える場合，成人障害者手当はそれに応じて削減される．受給者に扶養家族がある場合，この限度に15%が加算される[367]．

　ただし，この併給上限の算定においては対象となる収入[368]に対しては，施設負担の保障報酬が最低賃金の5%以上10%未満の場合，3.5%の控除率が適用される．この控除率は施設負担分の上昇に応じて高くなる[369]．これにより，保障報酬が上昇した場合，控除も上昇することとなり，わずかではあるが就労のインセンティブに配慮がなされている．

　このシステムにより，成人障害者手当と保障報酬の合計が最低賃金に近い，また場合によっては，最低賃金を少し上回る額を受け取ることができるように設計されており，他国と比較して高い所得保障がなされていると言える．

---

366) CASF, R. 243-9, Arrêté du 14 mai 2007 fixant le montant de la compensation par l'Etat des cotisations payées par les établissements et services d'aide par le travail pour l'affiliation des travailleurs handicapés qu'ils accueillent à un régime de prévoyance en application du septième alinéa de l'article R. 243-9 du code de l'action sociale et des familles.

367) CSS, D. 821-5.

368) ESAT でのみ就労する者については，対象となる収入は基準年度に在籍していた場合はその保障報酬が考慮され，また新規に入所の場合や基準年度の入所期間が一年に満たない場合等は，月あたりの職務助成金額に 12 を掛けたものが用いられる（CSS, D. 821-10, R. 532-3, R. 821-4）．一般環境（企業等）で同時に就労する ESAT 利用者については，一般労働者と同様に扱われる（CSS, R. 821-4-1）．

369) 同じく施設負担分が最低賃金の 10%以上 15%未満の場合，4%の控除率が適用される．同様に施設負担分が最低賃金の 15%以上 20%未満の場合，4.5%の控除率が適用される．また施設負担分が最低賃金の 20%以上 50%以下の場合，5%の控除率が適用される．CSS, D. 821-10.

（4）労働者に準ずる権利

　福祉的就労施設であるESATの就労者は，本来労働法の適用外であり，その意味で従来より労働者（travailleur）[370]とは見なされてこなかった．労働契約法，労働基準法など各種の法律において適用対象が個別に定められる日本とは異なり，フランスでは一般に労働法が適用される賃金労働者（travailleur salarié）は労働契約の当事者と解され，基本的には使用者と被用者という雇用関係，労働契約に基づく．労働契約であるか否かの判断では，「労働」の実施，「報酬」の支払い，「従属性」が判断要素となる．とりわけ「従属性」については，「指揮命令」，「労務遂行の監督」，「仕事の過誤に対する制裁」が主な判断要素であり[371]，法的従属性の判断は各指標の総合的判断に委ねられる．

　しかしながら福祉的就労施設は特殊な形態である．労働契約が結ばれる適合企業の労働者には一般企業と変わらない権利があるが，ESATにおいては社会福祉・家族法典の枠内で，限定的に労働法典に記載される権利のいくつかが享受できるのみである．ESATでは労働契約が結ばれず，福祉的就労を通じた労働支援契約（contrat de soutien et d'aide par le travail）という形となり，一年ごとに自動的に更改される[372]．この契約によって保障報酬を含む権利が定められる．労働時間上限は週35時間で，労働法典の範囲と同一である[373]．この時間は短縮されることがあっても延長されない．短縮の場合にはその時間がフルタイムであることを明記する．また最低賃金の55.7%以上の賃金が保障されるが，パートタイムの場合には当然それに応じて金額が調整される．保障報酬は試用期間から支給され，病気の場合，保障報酬は疾病保険により維持される．保障報酬に加え，賞与的な利益配分がESAT給与の10%を超えない範囲で支給される[374]．安全衛生に関する部分を除いて労働法典の内容は適用されないものの，

---

370) この travailleur という語は，日本における就業者に近い．賃金労働者，被用者（salarié）だけでなく，公務員や労働法の対象ではない他の労働者（自営業等）も含む．Gilles Auzero, Dirk Baugard, Emmanuel Dockès, Droit du travail, Dalloz, 2021, p. 21 によれば，「その名称にも関わらず，労働法は労働状態の全てを規制しているわけではない．この分野は賃金労働者（salariés）の法的状態をのみ扱い，賃金労働者とは給与を得て私法に従属し，服する労働者（travailleur）のことである．［...］公法に従属する労働者を差し引くと，厳密な意味での賃金労働者は活動人口の70%である．換言すると全ての労働者が労働法によって規制されるわけではない．しかしながらその大多数である」.

371) 野田・前掲（2022年）78頁 -95頁．また JILPT『労働政策研究報告書　雇用類似の働き方に関する諸外国の労働政策の動向―独・仏・英・米調査から―』（2021年）55頁 -56頁.

372) CASF, Annexe 3-9.

373) CASF, R. 243-5 により，C. trav., L. 3121-27, L. 3121-18 における労働時間と同一である.

374) CASF, R. 243-1 à D. 243-31, Circulaire N° DGAS/3B/2008/259 du 1er août 2008 ; Cap métiers,

いくつかの点で労働契約を結んだ場合に準じる恩恵があり，雇用に類似した形態と言うことができる．

　福祉施設の就労者が労働者にあたるかどうかについては，施設の利用者が有給休暇に関連して起こした訴訟によって問題が明確化した．原告である利用者は病気のために施設を休所し，復帰後1か月足らずで施設を辞めているが，病気のため休所していた期間の有給休暇分の支払いを施設に求めたものである[375]．破毀院はこれを受け，欧州司法裁判所に申立てを行い，意見をもとめた．これに対し欧州司法裁判所は，当該者の役務が通常の雇用市場におけるものに属すると考え得るかをフランスの裁判官は検討せねばならぬとし，これに立脚して福祉的就労者の労働者の地位は認められなければならないとした．当該就労者の職務を詳細に検討すると，その職務は一定の経済的有用性が認められた．そして（年次休暇に関する）指令2003/88/CE第7条の意味において，基本的権利憲章第31条第2項の定める労働時間の整備に関して，「労働者」の概念は原告のような福祉施設に属する者を含むことができると解されねばならない，との判断が下された[376]．

　これを受けた破毀院の判決は，原告の求める労働法典L. 3141-3条，L. 3141-5条，L. 3141-26条の適用は認めず，有給休暇に関する社会福祉・家族法典改

Établissements et Services d'Aide par le Travail, mai 2024. https://www.cap-metiers.pro/Fiches-techniques/-Structures-et-institutions/948/Etablissements-Services-Aide-par-Travail-ESAT/ （2024年7月10日最終閲覧）

375) CJUE, C-316/13. 事実の概要は以下のようなものである．原告は1996年2月1日から2005年6月20日までCAT（現在のESAT）の利用者であった．当初，彼は定期的に5週間の年次有給休暇を享受していた．2004年10月16日からCATを去るまで原告は病気休暇中だった．この休所期間が始まった時点で，2003年6月1日から2005年5月31日までの勤務期間に関連して，原告は12日間の年次有給休暇を行使していなかった．さらに原告は2004年6月1日から2005年5月31日までの基準期間の年次有給休暇の恩恵を受けることができなかった．原告によると上記の2つの期間，取得されなかった年次有給休暇の権利として，945ユーロの金銭的手当の支払いが認められるべきであるとした．施設はこの支払いを拒否し，アヴィニョン小審裁判所が最終的に彼の補償請求を棄却したため，原告は破毀院に上訴した．破毀院は判決を延期，以下の予審的質問を司法裁判所に付託することを決定した．1) 指令89/391の第3条は，適用範囲を定める指令2003/88の第1条の規定が参照するものであるが，この第3条の意味でCATの入所者は「労働者」と認められうると解釈すべきか，2) 憲章第31条は，このような者が，第31条の意味において「労働者」に分類される可能性があるものと解釈されなければならないか，3) 国内法が有給休暇の権利を享受することを規定していないとしても，このような者が，有給休暇の権利を取得するために憲章に基づく権利に直接依拠することができるか，また国内裁判所はその権利の完全な効果を確保するために，国内法のいかなる反対する規定も適用できないのか．以上に関して欧州司法裁判所に先行判決を求めた．

376) Arrêt du 26 mars 2015, la Cour de justice de l'Union européenne (CJUE) C-316/13, Cour de cassation, civile, Chambre sociale, 16 décembre 2015, 11-22.376.

正[377]）の施行前であったことを理由に原告の訴えを却下した[378]．福祉的就労者が EU法上の「労働者」であることが認められたという限定的なものであるものの，この判決によって福祉的就労が単なる訓練でない（一定の経済的有用性がある）ことが示された点で意義があり，本判決以後のESAT改革に際して労働者に準ずる権利は強化されていくことになる[379]．

(5) ESAT利用者の労働者に準ずる諸権利

A．報酬

(a) 保障報酬（CASF, L. 243-4条からL. 243-6条，R. 243-5条からR. 243-10条）

ESATとその利用者の間で結ばれるのは労働契約ではなく，労働支援契約（利用者契約）であるため，一般労働者の賃金にあたるものは保障報酬として支払われる．ESATによって支払われるSMICの5％以上の給与部分と，国から支給されるSMICの50.7％を超えない職務助成部分からなり，ESATから支給される給与がSMICの5％から20％の間の場合には国からの支援の金額はSMICの50.7％で，ESATから支給される報酬が1％増加するたびに国からの助成は0.5％ずつ減少する．この保障報酬に加え，家族手当金庫（CAF）から給付される成人障害者手当（AAH）や住居手当等を受け取ることができる．最低賃金は適用されないものの，これらを加えることで，おおよそ最低賃金に近い所得となる[380]．パートタイムの場合にはフルタイムに対する就労時間の割合に応じて減額される．保障報酬は疾病保険の補償の対象となる期間中も支払われ，病気による契約停止中の報酬も保障されており（3日の適用外期間を除く），また年次有休休暇や家族行事休暇，その他の労働法典の準用となる休暇，欠勤許可の際も保障される[381]．

報酬は従業員との個別または集団的な交渉によって決定されるのではなく，地域保健庁と施設の間の料金設定及びCPOM（目標及び手段に関する多年次契約）によって調整される．報酬額については，ESATの利用者との個別的な交

---

377) Décret n° 2006-703 du 16 juin 2006.

378) Arrêt du 16 décembre 2015, la Cour de cassation, civile, Chambre sociale, 11-22.376.

379) 小澤真「フランスにおける障害者福祉的就労施設（ESAT）利用者の労働者に準ずる権利と施設の権限に関する一考察」日本労働法学会誌137号（法律文化社・2024年）281-292頁．

380) 保障報酬（給与＋職務助成金），AAH，住居手当，賞与等を合わせておよそ月1,400ユーロとなる（IGF, IGAS, op.cit., 2019, Synthèse, pp. 2-3）．なお同年（2019年）の月あたりSMICはおよそ1,500ユーロである．

381) CASF, R. 243-7.

渉または利用者代表との集団的な交渉は存在しない.

（b）ボーナス（CASF, R. 243-6条）

利益分配の受給の機会がある（prime）. 上限額は保障報酬のうち施設からの報酬部分の年間合計額の10%とされる.

B．労働時間上限（CASF, R. 243-5条によりC. trav., L. 3121-27条, L. 3121-18条を準用）

労働時間上限は週35時間で，労働法典の範囲内と同一である[382]. この時間は短縮されることがあっても延長されない. 35時間より少ない時間がフルタイムの時間である施設においてはその旨申告する[383].

C．休暇

以下の休暇の期間中，保障報酬は維持される[384]. なお労働支援契約の停止期間中も保障報酬は維持される.

（a）年次有給休暇（congé payé annuel, CASF, L. 344-2-2条, R. 243-11条, Circulaire DGAS/3B/2008/259 du 1er août 2008）

施設と利用契約を結び，1か月在籍した者には年次有給休暇の権利がある[385]. 期間は月ごとに2.5日であり，年間30日を超えないが，施設長の裁量で3日追加できる. 休暇は取得年の間に消化される. 出産休暇または養子縁組休暇から復帰した労働者は，ESATの全従業員に対する運営規則によって定められた休暇期間に関係なく，有給の年次休暇を取る権利がある. 労働者が病気，労働災害，または職業病（accident du travail et maladie professionnelle, AT/MP）のために休んでいる場合，未取得の休暇は，年次有給休暇取得期間が終了した後でも，就労再開の日以降に取得される.

（b）付き添い親休暇（congé de présence parentale, CASF, L. 344-2-3条, R. 243-13条により C. trav., L. 1225-62条, L. 1225-63条, L. 1225-65条を準用）

子の疾病や事故による障害等のための最大310労働日の休暇である. ただし

382）CASF, R. 243-5 により，C. trav., L. 3121-27, L. 3121-18 における労働時間と同一である.

383）Circulaire N° DGAS/3B/2008/259.

384）CASF, R. 243-7.

385）それまで施設によってばらばらであった休暇について規定したのが Loi n° 2005-102 du 11 février 2005 である. Décret n° 2006-703 du 16 juin 2006.

休暇後の少なくとも同等の給与の仕事への復職の権利の規定は除外される.

（c）家族行事休暇（congé pour événements familiaux, CASF, R. 243-12条）

家族の出来事の際，証明書類の提出に基づき，保障報酬が受け取れる例外的な欠勤許可を受ける権利がある.

子供の死亡時には5日間，または子供が25歳未満の場合，年齢に関わらず死亡した子供が自ら親である場合，実際にかつ永続的に扶養されている25歳未満の者が死亡した場合は7営業日，労働者の結婚やパートナーシップ（PACS）には4日間，出産や養子縁組ごとに3日間，配偶者，同棲者，パートナーシップの相手，父親，母親，義父，義母，兄弟，姉妹の死亡時には3日間，子供の障害，慢性病，またはがん等の告知の際には2日間，子供の結婚には1日間，25歳未満の子供や25歳未満で実際にかつ永続的に扶養されている人物が死亡した場合，葬儀のための8日間の分割可能な葬儀休暇（死亡から1年以内に取得できる）が与えられる.

労働法典の規定（L. 3142-2条からL. 3142-5条）と多く同一であるが，同法典においては日数の決定等は労働協約事項とされる. ESATにおける当該休暇の日数については労働協約の最低基準に準じた設定となっている.

（d）母親休暇（congé de maternité, CASF, R. 243-13条によりC. trav. L. 1225-16条からL. 1225-24条, L. 1225-28条を準用）

妊娠・出産に関連する健康診断のための欠勤である，16週間の産前産後休暇，母親死亡の際の父親の休暇の権利が一般労働者に準じて保障される. ただし給与に関わる部分，復職後のキャリア相談に関わる部分の規定は除外される.

（e）父親休暇（congé de paternité, CASF, R. 243-13条によりC. trav. L. 1225-35条, L. 1225-35-1条を準用）

子の誕生後，継続25日（双子以上の場合は継続32日）の父親休暇の権利が認められ，最初の4日の雇用は禁止される. 勤続年数に応じた権利決定の規定，給与に関する規定は除外される.

養子休暇に関する権利（C. trav. L. 1225-37条からL. 1225-46-1条）は認められていない.

（f）育児親休暇（congé parental d'éducation, CASF, R. 243-13条によりC. trav. L. 1225-47条からL. 1225-54条を準用）

育児親休暇または育児短時間勤務の権利を選択できる. ただし，権利行使

後の元の雇用・同等の報酬がある類似の雇用の保障の規定, 職業能力診断 (bilan de compétences) に関する規定, 職業面談の権利の規定, 復職の際の職業訓練の権利の規定 (C. trav. L. 1225-55条からL. 1225-59条) は除外される.

(g) 子の疾病看護休暇 (congé pour maladie d'un enfant, CASF, R. 243-13条によりC. trav. L. 1225-61条を準用)

16歳未満の子の傷病罹患の際の年間最大3日 (子が1歳未満または3人以上養育の場合は5日) の休暇の権利が付与される.

(h) 家族連帯休暇 (congé de solidatité familiale, CASF, R. 243-13条によりC. trav. L. 3142-6条からL. 3142-9条, L. 3142-12条, L. 3142-15条を準用)

家族の看取り休暇である. 期間は最長3か月で, 家族の死亡後3日以内に終了される. ただし, 休暇終了後, 元の雇用または同等の給与の類似の雇用に復帰する権利, 休暇前後のキャリア相談の権利, 労働審判所申立ての権利, 労働協約事項に関する規定は除外される.

(i) 近親者支援休暇 (congé de proche aidant, CASF, R. 243-13によりC. trav. L. 3142-16条からL. 3142-21条, L.3142-27条を準用)

近親者に障害が生じ, また重篤な自立喪失状態となった際, 最長3か月 (更新可, キャリア全体で1年を超えない) の介護休暇を取得できる. パートタイムへの変更や分割取得が可能である. ただし, 休暇期間終了後少なくとも同等の給与の類似の雇用に復帰する権利, 職業面談の権利, 労働審判所申立ての権利, 休暇の寄付, 労働協約に関する規定は除外される.

(j) 日曜日の休息及び祝日労働の規制 (CA5F, R. 243-11-1条)

日曜日の休息と祝日労働が規制されている. 労働者が例外的または定期的に職業的な活動を行い, それが日曜日の休息を妨げる場合, 事前の同意が書面で必要であり, その拒否は過失とはならない (同意の条件についてC. trav. L. 3132-25-4を準用). この状況においては, 週次休息に加えて, 補償となる休息を受ける. 保障報酬は労働時間に対して少なくとも倍増される. 祝日に働いた場合, ESATは労働に対応する保障報酬に加えて休息補償の1日を付与できる. 5月1日は休みとなる祝日であり, 労働者がその日に活動を行う場合, 労働時間に対して報酬が倍増する. 祝日の休業は報酬の損失をもたらしてはならない.

D．労働安全衛生

（a）労働安全衛生（CASF, R. 344-8条，C. trav. L.4111-1条以下，L. 4622-2条以下）

労働法典L. 4111-3条により，労働者の健康及び安全に関する労働法典の第四部の妊娠中，出産後，授乳中の女性，及び若い労働者に適用される特別な規定（第Ⅴ編の第Ⅱ及びⅢ章で定められているもの），労働の場所の使用に関する使用者の義務（第Ⅱ巻の第Ⅱ編で定められているもの），作業設備及び保護手段に関する規定（第Ⅲ巻で定められているもの），特定の曝露リスクの予防の規定（第Ⅳ巻で定められているもの），荷物の取り扱いに関するリスク予防に関する規定（第Ⅴ巻の第Ⅳ編で定められているもの）に従う．また社会福祉・家族法典R. 344-8条により，労働法典L. 4622-2条以下の労働医制度が準用される．

（b）危険な状況に関する警告権及び退避権（CASF, L. 344-2-6条によりC. trav. L. 4131-1条から L. 4132-5条を準用）

重大な職業的危険の状況にあるとき，使用者に対して警告，またその状況から退避する権利がある．ただし公衆の健康や環境の危険に関する警告権の規定は除外される．

E．教育・研修

（a）教育・研修を受ける権利（CASF, L. 344-2-1条，D. 243-14条以下，Circulaire DGAS/38 n° 2005-196 du 18 avril 2005）

一般労働者同様の教育・研修を受ける権利が与えられる（CASF, L. 344-2-1条）[386]．

（b）職業経験認定制度（validation des acquis des expériences, VAE）及び障害者職業技能認定（reconnaissance des savoir-faire professionnels, RSFP）の権利（CASF, D. 243-15条から D. 243-31条）

VAEは障害者に限らず，一般労働者も利用する制度で，3年以上の職業経験に対して認定する[387]．ESAT利用者についてはVAEの取得のために最低24時間の保障報酬がなされる休暇を取得することができる．RSFPは障害労働者のための

386）2005年法までは施設の裁量に一任されていた．
387）一般労働者の VAE に関する規定は C. trav. L. 6411-1 から L. 6423-3.

技能認定制度であり，障害労働者の一般労働環境への移行促進を目的とする．

（c）職業訓練個人口座制度（compte personnel de formation, CPF）の権利（C. trav. L. 6323-1条以下）

口座は16歳以上の全ての者が対象である．就業者に職業訓練受講可能ポイント（ユーロ）を付与し，職業訓練受講費用の支払いに利用される．ESAT利用者のCPFに関しては労働法典 L. 6323-33条から L.6323-42条（ESAT利用の障害者のCPFに関する規定）に規定される．これによれば法定代理人の代理が可能であり，休暇の場合もポイント（ユーロ換算）計算に反映される．

（d）職業経歴・技能手帳（carnet de parcours et de compétences, CASF, R. 243-13-2条）

職業経歴・技能手帳が導入された．この手帳は労働者の所有物であり，本人が保持する．年次面談では，手帳の所有者が自分の能力，訓練，経験を評価し，来年の希望を表明するのに役立つ．

（e）職業訓練費徴収機関（organisme paritaire collecteur agree, OPCA）の利用（CASF, R. 243-9条, D. 243-29条から D. 243-31条）

ESATは分担金を支払うことでOPCAの職業訓練費用負担の支援を受けることができる．

（f）職業訓練休暇（CASF, D. 243-14条）

職業訓練の期間中，保障報酬が保障される休暇が取得できる（全日ないし一部）．

Ｆ．集団的労働関係

（a）社会生活委員会（CASF, L. 311-6条，L. 311-7条，L. 311-8条，D. 311-3条から D. 311-32-1条，R. 315-6条）

ESAT内には他の医療社会福祉施設と同様に社会生活委員会（conseil de la vie sociale, CVS）ないしこれに準ずる委員会が存在する．CVSは2名のESAT利用者，1名の従業員，1名の管理者から構成され，ここでは内規等について協議しうるとされ，少なくとも年3回開催される．任期は内部規約によって定められる．社会生活委員会の議長を務めるのは原則的に障害労働者またはその代理人である．CVSを通じて，障害労働者は施設計画と運営規則の策定と変更，内部組織，日常生活や活動，社会文化振興，治療サービス，設備等に関

第3章　フランスの障害者雇用と福祉

する計画，サービスの質や価格，施設の割当や保守，人間関係の改善，支援
内容の作成・変更，虐待防止策，移送計画，満足度調査等，あらゆる問題に
ついて意見や提案を行い，活動報告書が作成，提出される（CASF, D.311-15,
D.311-26）．委員会活動にかかる時間は労働時間と見なされる．Rihalによれば
公共の施設では，社会生活委員会がかつての企業における技術委員会（comité
technique，社会経済委員会の前身）と共通の特徴を持っている[388]．これら県
や市の施設では，社会生活委員会から利用者代表が理事会に参加することに
なっており，障害者は民間の施設よりもより重要な任務を担うようになって
いる．CASF, R. 315-6条は社会生活委員会から2名の利用者代表が理事会に出
席するよう規定している．

（b）利用者代表制度（CASF, L. 344-2-8条，L. 344-2-9条，R. 243-13-1条，R.
344-7-1条）

個々の状況に関して経営陣に代理で意見を述べる代表者を労働者自身が内
部で選出する．18歳以上で，施設入所が6か月以上である必要がある．任期は
3年で，研修を受け，1か月に最大5時間，その任の活動を行い，その活動は労
働時間と見なされる．代表者はCVSの委員を兼任する．

また利用者と施設従業員の同数委員会が設置される（CASF, R. 344-7-1条）．
この委員会の利用者代表はR. 243-13-1条に規定される代表者及びCVSの利用
者代表である．労働生活の質（qualité de vie au travail）[389]，労働安全衛生，職業
上のリスクや予防策について話し合われ，四半期ごとに開催される．Mananga
によれば，この決定機関は，従業員における社会経済委員会（CSE）内に設立
される健康・安全・労働条件委員会（CSSCT）に似ている[390]．既存の社会生活

---

388) Hervé Rihal, op.cit., 2014, p. 51.
389) 労働生活の質については障害者に限らず，あらゆる労働について言及されるところであ
る．2013年6月13日の労働生活の質と職業的平等の改善策に関する全国職際協定（Accord
national interprofessionnel du 19 juin 2013）はその後の労働政策に影響を与えている．2020
年12月9日の全国職際協定（Accord national interprofessionnel du 9 décembre 2020）におい
ては労働の条件及び生活の質（qualité de vie et des conditions de travail, QVCT）とされ，労
働条件の改善が強調された．労働法典L. 2242-17条はLoi n° 2021-1018 du 2 août 2021に
より，QVCTに関する年次交渉について規定している．適合企業もこのQVTまたは
QVCTについては一般企業と同様に配慮することが求められている．以下の文献におい
てはESATにおける労働生活の質について議論されている．Xavier Thiebaud, La Qualité de
Vie au Travail comme démarche de transformation de l'ESAT, Projectics / Proyectica / Projectique,
2022, pp.155-177 ; CREAI Bretagne, La qualité de vie au travail en ESAT : une expertise à
partager, 3.12.2019. https://www.creai-bretagne.org/journees-formation-médico-social-handicap-
protection-enfance-cohesion-sociale-bretagne/la-qualite-de-vie-au-travail-en-esat-une-expertise-a-
partager-2/（2024年7月10日最終閲覧）
390) F. Mananga, op.cit., 2023, p.42.

143

委員会と違い，代表者が施設の社会経済委員会に出席することができ，発言力が強化されている．また後述するストライキ権の付与とも関連していると思われる．施設従業員と施設利用者の同数委員会であるため，これらが協力して労働環境改善のための提言をすることが可能であり，労働者である施設従業員を通すことで，利用者の意見を反映しやすいという利点が考えられる．

（c）労働組合加入権（CASF, L. 344-2-6 条により C. trav. L. 2141-1 条から L. 2141-3 条，L. 2141-6 条，L. 2141-7-1 条を準用）

ESAT の利用者も労働組合への加入の権利を有する．

（d）直接的かつ集団的な意見表明権（CASF, L. 344-2-6 条により C. trav. L. 2281-8 条から L. 2281-4 条を準用）

仕事の内容，条件，組織に関して直接的かつ集団的に（すなわち意見表明グループにより）意見表明する権利を有する．

（e）ストライキ権（CASF, L. 344-2-7 条により C. trav. L. 2511-1 条から L. 2525-2 条を準用）

ストライキ権を有し，労働法典のストライキ権の行使と集団的紛争の解決手続に関する規定が適用される．

G．解雇の欠如（CASF, L. 344-2 条以下，R. 243-1 条以下，Annexe 3-9）

労働契約を結んでいない以上，通常の労働市場におけるような意味で ESAT の労働者の解雇は存在しない．しかしながら障害者自身の健康や安全が大きく脅かされる場合，他の労働者の健康や安全を大きく脅かす場合，及び施設の財を大きく損なう場合について，1 か月からの契約停止がありうる[391]．こうした手続が行われた場合，県障害者センター（maison départementale des personnes handicapées, MDPH）に申立てが行われ，CDAPH が退所か維持かを決定する．契約終了については CASF, L. 241-6 条，R. 241-28 条（6°, 7°）に基づき，CDAPH が専権的に決定する[392]．この契約終了の規定には安全性に関する言及はない[393]．

---

391) CASF, R. 243-4.
392) CASF, Annexe 3-9. 施設側からの契約破棄の申請は MDPH に通知されるが，MDPH（CDAPH）との協議は定められていない．
393) 詳細は小澤・前掲（2024 年）．

第3章　フランスの障害者雇用と福祉

H．社会保険への加入（CASF, L. 243-6条，R. 243-9条，R. 243-10条，Circulaire N° DGAS/3B/2008/259）

　社会保険について，一般制度，場合によっては農業制度の社会保険が適用される．失業保険は適用されない．利用者は受け取る保障報酬に応じて保険料を支払い，ESATは保障報酬の施設負担分（職務助成分を除く）について保険料を負担し，保障報酬のうち国庫から捻出される職務助成金分の保険料は国から返還される．またESATはその他補足的医療保険に加入することができ，その2%について国の助成を受けることができる[394]．

I．老齢年金（pension de retraite, CSS, L. 161-21-1条，L. 351-1-3条，L. 351-1-4条，L. 351-7条，D. 161-2-1-9条からD. 161-2-4-4条，D. 351-1-1条からD. 351-1-14条，R. 351-21条からR. 351-22条，R. 351-24-1条，Circulaire CNAV n° 2018-24）

　老齢年金についても一般賃金労働者に準ずる．定年後の老齢年金については，通常64歳で最大率（taux plein，最高年収25年間の平均年額の50%）での年金が受け取れるが，障害率が50%を超える状態で働いていた場合には満額での受給年齢を55歳に前倒しできる（総保険期間及び保険料支払い期間の規定を満たす必要があり，この期間によって受給年齢が55歳から59歳で変動する）[395]．また職業病や労働災害による障害率が合算して20%以上と認められた場合[396]には少なくとも60歳から受給でき，10%以上の場合には受給年齢を2歳引き下げることができる．また障害率50%以上で職務不適合が認められた場合には62歳から受給可能となる．ただし，これらの規定はESATの利用者に限られたものではなく，障害労働者（一般企業を含む）のためのものである[397]．

---

394) CASF, R. 243-9, R. 243-10, Circulaire N° DGAS/3B/2008/259.
395) なお満額の年金を受け取るために必要な期間を満たしていない等の場合のための増額措置がある．障害が証明される期間/保険料支払い期間に1/3を掛けた係数分増額される．
396) 複数の障害がある場合，障害率は合算されうるが，少なくとも10%以上の障害が認められることが必要である．
397) Service public, Retraite du salarié handicapé, 1.9.2023. https://www.service-public.fr/particuliers/vosdroits/F16337（2024年7月10日最終閲覧）

145

J．その他

（a）レストラン・チケット及びバカンス小切手（CASF, L. 344-2-6条により C. trav. L. 3262-1条から L. 3262-7条，L. 3263-1条を準用）

レストラン・チケットが配布される．またバカンス小切手（chèques vacances）が支給されることがある．

（b）交通費（CASF, L. 344-2-6条により C. trav. L. 3261-2条から L. 3261-4条を準用）

通勤のための費用を使用者が負担する．

以上がフランスの ESAT において認められる権利である．同国では社会福祉・家族法典によって権利が規定されており，この枠内で労働法典への準用が行われる．すなわち，ESAT 利用者の権利に関する規定は大きく2つに分類でき，第一に労働法典の規定に類似する社会福祉・家族法典独自の規定，第二に労働法典の準用という形で部分的に労働法典を適用する規定である．

社会福祉・家族法典で独自の規定を設けているのは，報酬（保障報酬及びボーナス），休暇の一部（年次有給休暇，家族行事休暇），祝日労働の規制，社会生活委員会，利用者代表制度，教育・研修制度に関するいくつか，及び入退所の規定である．

報酬は労働契約が結ばれず，給与という形での報酬ではない以上，当然ながら独自の規定が必要となる．また入退所についても労働契約ではなく，労働支援契約であるために，独自の規定が置かれている．

年次有給休暇については，ESAT 利用者においては支払われるのは給与ではなく保障報酬であり，この保障報酬はそもそも労働支援契約の停止や，その他の休暇などにおいても支払われるという優遇措置があること，また一般労働者においては労働協約で定められる事項も多く，より細かい規定があることなど異なる点は多い．家族行事休暇は一般労働者に対する労働法典の規定（C. trav. L. 3142-2条から L. 3142-5条）と多く同一であるが，同法典においては日数の決定等は労働協約事項とされている[398]．ESAT における当該休暇の日数については労働協約の最低基準に準じた設定となっている点が異なる．ESAT 利用者には労働協約が存在しないことが，独自の規定が必要になった一因と

398）一般労働者においてもこの休暇は有給となっている．

第3章　フランスの障害者雇用と福祉

考えられる.

　日曜日の休息及び祝日労働の規制については,一般労働者に対しては,5月1日を除いて特段の規制はない.5月1日は有給の休業日とされ,業務の都合により労働を行う場合には100%の割増が支払われる.ESATの利用者については,5月1日の労働に対しては一般労働者と同様に100%の割増が支払われ,さらに日曜や祝日の労働についても規制があり,日曜の労働には補償となる休息と報酬の増額がある.

　社会生活委員会は医療社会福祉施設に特有の協議体であり,ESATでは企業における社会経済委員会に類する役割を担っているが,これに加えて利用者代表の選出と,利用者と施設従業員の同数委員会が規定されている.これらは一般企業における従業員代表組織に類するものであるが,ESAT独自のものであり,社会経済委員会のような厳密な規定はなく,社会経済委員会に付与されている権限(警告権等)についても規定はない.

　教育・研修に関する制度のうち,障害者のための独自の制度である障害者職業技能認定,職業経歴・技能手帳,及びVAEのESATでの適用(休暇の期間に関する規定が一般労働者とは異なる)については社会福祉・家族法典において規定されている.

　すなわち,ESATの独自の規定が必要な部分については社会福祉・家族法典で規定されるが,多くの権利は社会福祉・家族法典を通して労働法典を準用することで実現されていると指摘することができる.労働時間,年次有給休暇と家族行事休暇を除く休暇の規定,労働組合加入権,直接的かつ集団的な意見表明権,ストライキ権,レストラン・チケットや交通費に関する規定等である.

　ESATの利用者の地位の二重性,すなわち利用者としての地位と労働者としての地位についてはしばしば言及されるが[399],障害をもつ施設利用者としての権利保障は社会福祉・家族法典独自の規定において,また労働者としての権利保障は労働法典の準用により,部分的に労働法典が適用される規定において実現されているのである.

---

399) H. Rihal, op. cit., 2014 ; Anne-Sophie Hocquet de Lajartre, Hervé Rihal, Précisions sur le statut des travailleurs handicapés des établissements et services d'aide par le travail, Revue de droit sanitaire et social, n° 4, 2015, p. 718 ; Guillaume Rousset, Un ESAT ne peut pas rompre un contrat de soutien et d'aide par le travail, Revue de droit sanitaire et social, n° 2, 2023, p. 330 ; F. Mananga, op.cit., 2022, p. 42.

8. 小括

　フランスにおける障害者権利条約関連，障害の定義と給付，一般雇用，援助付き雇用，障害者雇用社会的企業，福祉的就労施設をそれぞれ取り上げ，分析を加えてきた．2018年法の前後には援助付き雇用，適合企業改革，ESAT改革など障害者の就労政策に関する重要な改革が，障害者権利条約の勧告に対応する形で行われている．さらに2022年法，2023年法により，ESATや適合企業に対する改革が推進されてきた．

　一般雇用に関しては，2018年法による雇用義務制度の改正を取り上げ，それまでの2005年法と比較した．大きな変革としてはみなし雇用の廃止と雇用率計算の単純化が挙げられる．とりわけみなし雇用は，長年適合企業やESATなどの施設と一般企業の間の関係構築に役立っていた．しかしながらデータ上，企業による外注は減少したものの，みなし雇用の廃止（ただし納付金上の優遇は残っている）による大きな影響までは認められなかった．また，2022年法により，ESAT利用者の一般環境でのパートタイム労働が可能となり，一般企業とESATに同時に所属できることとなった．また2023年法ではこれまで存在した雇用センターであるポール・アンプロワが2024年からフランス・トラヴァイユとなり，その職掌が拡大した．MDPHの多職種連携チームが担っていた職業指導（福祉的就労への進路指導も含め）がそちらに移管される．障害労働者についても一般環境での就労に重点が置かれ始めている．民間部門納付金管理運用機関であるAGEFIPHは一般企業を対象とした障害者雇用促進のための助成を数多く行っているが，この機関の役割はますます重要になってくるだろう．

　援助付き雇用はそれまで存在した民間のジョブコーチとは別に，法制度として整備されたものである．フランスでは精神障害者のユーザーが多い．ESATがジョブコーチと類似の役割を担ってきたこともあり，ESATの支援は相変わらず重要である．

　障害者雇用の社会的企業である適合企業は従来から職務に対する助成がなされ，労働者は最低賃金が保障されている．よりインクルーシブな形態を目指しつつ，一般企業への橋渡し，とりわけ長期失業者の就労支援を目的として，特

別な有期雇用契約（「スプリングボード」）や派遣を行う適合企業が創設された．

福祉的就労施設であるESATの就労者は職務助成とAAHなど給付によって最低賃金に近い所得保障がなされている．またESATの就労者には社会福祉・家族法典に基づき，労働法典の準用を行うことで，利用者としての権利を維持しつつ，一般労働者に近い権利が与えられている．現在ESAT改革が進められており，ESATと一般企業に同時に在籍することが可能となった．福祉的就労と一般就労との間の流動性が高められている．

福祉的就労施設であるESATと社会的企業である適合企業には賃金補填としての助成が国から出ている．これに対し，一般就労の賃金補填はより限定的であり，AGEFIPHによる障害重度のための助成が賃金補填と言える程度である．

障害者権利条約の目指す福祉的就労施設の段階的廃止と一般労働への移行には困難も多い．とりわけ，障害者本人と家族への負担が大きくなるのではないかという批判がある．財政的な限界もあり，痛みを伴う改革も必要であるかもしれないが，当事者と家族を置き去りにせず，対話する形で解決を目指すことが重要であろう．

第**4**章

結論
ドイツ，フランス，日本の
障害者雇用・福祉政策の国際比較

高橋　賢司〔Kenji TAKAHASHI〕

小澤　　真〔Makoto OZAWA〕

大曽根　寛〔Hiroshi OHSONE〕

1. 障害の定義と認定方法

　わが国の障害者基本法では，障害者とは，「身体障害，知的障害，精神障害（発達障害を含む.）その他の心身の機能の障害（以下「障害」と総称する.）がある者であつて，障害及び社会的障壁により継続的に日常生活又は社会生活に相当な制限を受ける状態にあるものをいう」．そして，社会的障壁とは「障害がある者にとつて日常生活又は社会生活を営む上で障壁となるような社会における事物，制度，慣行，観念その他一切のものをいう」（同法2条）.

　身体障害者福祉法では，「身体障害者」とは，「別表に掲げる身体上の障害がある十八歳以上の者であつて，都道府県知事から身体障害者手帳の交付を受けたものをいう」（4条）．身体障害者福祉法別表に掲げる身体上の障害の種類（いずれも，一定以上で永続することが要件とされている）として，「① 視覚障害 ② 聴覚又は平衡機能の障害 ③ 音声機能，言語機能又はそしゃく機能の障害 ④ 肢体不自由 ⑤ 心臓，じん臓又は呼吸器の機能の障害 ⑥ ぼうこう，直腸又は小腸の機能の障害 ⑦ ヒト免疫不全ウイルスによる免疫の機能の障害」とされる.

　上記に該当するかどうかの詳細については，身体障害者福祉法施行規則別表第5号「身体障害者障害程度等級表」において，障害の種類別に重度の側から1級から6級の等級が定められている．1998年にヒト免疫不全ウイルスによる免疫機能障害，2010年には肝障害が加えられた.

　しかし，この定義及び認定方法には既に問題も指摘されている．例えば，この概念には生活制限の概念が含まれていないことはその1つである[1]．また，「血管，血液，身長など『種類による除外』，呼吸器疾患以外による呼吸機能障害など『原因による除外』，発作性頻脈など『障害の永続要件による除外』，さらに『障害程度による除外』（軽度障害の除外）などが，問題として残されている[2]」という指摘もある．また，審美に関わる障害も除外される[3]．障害者の概

---

1) 菊池馨実・中川純・川島聡編『障害者法』（成文堂・2015年）10頁〔川島聡・菊池馨実執筆部分〕.
2) 佐藤久夫・小澤温『障害者福祉の世界　第5版』（有斐閣アルマ・2016年）36頁〔佐藤執筆部分〕.
3) 山本創・茨木尚子「障害の定義と法の対象」茨木尚子・大熊由紀子・尾上浩二・北野誠一・竹端寛『障害者総合福祉サービス法の展望』（ミネルヴァ書房・2009年）259, 262頁.

念から，臓器，疾患ごとに対象を除外しているのは国際的にはまれであるから，これを改める必要性は説かれていた[4]．

知的障害者については，知的障害者福祉法では，定義規定がない．このために，都道府県による認定の差異が指摘されている[5]．

精神保健及び精神障害者福祉に関する法律において，「精神障害者」とは，「統合失調症，精神作用物質による急性中毒又はその依存症，知的障害その他の精神疾患を有する者をいう」（5条）．精神障害者保健福祉手帳の等級は，精神疾患の状態と能力障害の状態の両面から総合的に判断され，1級から3級までである．「精神障害者保健福祉手帳の障害等級の判定基準について」では，1級（精神障害であって，日常生活の用を弁ずることを不能ならしめる程度のもの），2級（精神障害であって，日常生活が著しい制限を受けるか，又は日常生活に著しい制限 を加えることを必要とする程度のもの），3級（精神障害であって，日常生活若しくは社会生活が制限を受けるか，又は日常生活若しくは社会生活に制限を加えることを必要とする程度のもの）に区分し，精神疾患の状態と能力障害の状態の両面の特徴が示されている．「能力障害（活動制限）の状態」では，日常生活若しくは社会生活の制限が記されている．

発達障害者支援法では，発達障害とは，「自閉症，アスペルガー症候群その他の広汎性発達障害，学習障害，注意欠陥多動性障害その他これに類する脳機能の障害であってその症状が通常低年齢において発現するものとして政令で定めるものをいう」．そのうえで，「発達障害者」とは，「発達障害がある者であって発達障害及び社会的障壁により日常生活又は社会生活に制限を受けるものをいい」，「発達障害児」とは，「発達障害者のうち十八歳未満のものをいう」（2条）．障害の概念に，日常生活又は社会生活に制限を受けるものまで入っているのが，特徴であるといえよう．

障害者雇用促進法では，障害者とは，「身体障害，知的障害，精神障害（発達障害を含む．第六号において同じ．）その他の心身の機能の障害（以下「障害」と総称する．）があるため，長期にわたり，職業生活に相当の制限を受け，又は職業生活を営むことが著しく困難な者をいう」と定め（2条1号），身体障害者，重度身体障害者，知的障害者，重度知的障害者，精神障害者につ

---

4) 長瀬修「障害者制度改革の取組み」松井彰彦・川島聡・長瀬修編『障害を問い直す』132頁，158頁以下．
5) 佐藤久夫・小澤温・前掲書36頁〔佐藤執筆部分〕．

いてさらに規定している.

このような障害の定義については，障害別に（身体障害，知的障害，精神障害等）手帳制度が分断されているのが，「国際的にはほとんどみられない」という問題点が従来から指摘されている[6].

障害者権利条約では，障害者の概念が規定され，「障害者には，長期的な身体的，精神的，知的又は感覚的な機能障害であって，様々な障壁との相互作用により他の者との平等を基礎として社会に完全かつ効果的に参加することを妨げ得るものを有する者を含む」と定められている（1条）．これは国際生活機能分類（International Classification of Functioning, Disability and Health, ICF）の基本概念を活用して定義されている．そして，ICFの「心身機能・構造」の分類では，精神，感覚，音声・言語，血管・血液・免疫・呼吸・消化・代謝・内分泌・尿・性・生殖等の内臓機能，運動，皮膚機能などを網羅しているとされる[7].それに対して障害者権利条約では，機能障害のみならず，「社会的障壁」を考慮する「社会モデル」を加えている[8].個人の障害に焦点をあてる方式を医学モデル，障害と環境の相互作用に焦点をあてる方式を社会モデルと考えることができる.

2022年10月7日の日本政府報告に関する総括所見では，「障害認定及び手帳制度を含め，障害の医学モデルの要素を排除するとともに，全ての障害者が，機能障害にかかわらず，社会における平等な機会及び社会に完全に包容され，参加するために必要となる支援を地域社会で享受できることを確保するため，法規制を見直すこと」と勧告されている.

ドイツ，フランスはともに，障害の認定方法では，医学モデルに加え，社会モデルを補完的に用いている.

フランスでは，障害年金，成人障害手当（AAH），障害補償給付（PCH），障害労働者認定（RQTH）でアセスメントの方式が異なる．障害年金は稼得能

---

6)　山本・茨木・前掲論文 268 頁.

7)　松井亮輔・川島聡編『概説障害者権利条約』（法律文化社・2010 年）〔佐藤久夫執筆部分〕35 頁.

8)　菊池馨実・中川純・川島 聡編・前掲書 6 頁〔川島 聡・菊池馨実執筆部分〕．松井・川島編・前掲書〔佐藤久夫執筆部分〕42 頁は，障害者権利条約では，障害の原因を，機能障害とする「医学モデル」でもなく，環境の障壁とする「社会モデル」でもなく，これらの相互作用とする視点が採用されたと理解している．朝日も，国連障害者権利条約が，医学モデルから社会モデルへの転換を背景にしていると説いている（朝日雅也「障害の概念」吉川雅博・朝日雅也編『障害のある生活を支援する』（放送大学振興会・2013 年）46 頁，57 頁）.

力の減退が収入減により計られる（医学モデル＋稼得能力）．AAHは最低限の収入を保障する目的であるため，一定の収入以下の者が対象となっている．障害率50％以上80％未満の者については，雇用上の制約が考慮される．（医学モデル＋社会モデル＋稼得能力）．PCHは必要な支援（人的支援等）に応じて申請され，受給可否は社会モデルによって判断され，日常生活における活動[9]の1つに完全な支障があること，あるいは活動の2つに重大な支障があることとされる．RQTHは就労を促進する目的で，障害の存在と職務等への影響に基づいて判断している（医学モデル＋社会モデル）[10]．

　社会モデルについては，わが国では上田が，「疾患によって起こった生活上の困難・不自由・不利益」と定義している[11]．

　これに対し，佐藤は，環境因子が重要であり，とくに社会的不利を発生させているメカニズムを明らかにして，途中でブロックする方策を示すことができることが，障害の構造的理解の意義であると述べている．さらに，ここでいう「環境」には，病気や機能障害を発生させる因子の側面と，機能障害を社会的不利に転化させる側面がありうるとして，そのため，社会的不利にも環境という因子を挿入すべきである，と述べる[12]．

　国際的な見地に立つとき，より普遍的で一般的でいえば，判定者が，医師によるだけでなく，社会福祉の専門家等が入るという手法も考え得る[13]．社会モデルを導入している以上，医師のみによって判断されるべきではない．

　障害の認定は，その性質上，手当と認定機関を通じて統一的に行うことは，不可能であると考えられる．しかし，社会モデルの導入と概念の拡張とともに，障害の概念との関係で，その認定方法と，雇用率についても再検討されることとなろう．

---

9)　可動性（起立，移乗，歩行，住居内外の移動，利き手で物をつかむ，利き手でない手で物をつかむ，小さな物の操作），セルフケア（入浴，排泄，着衣，食事），コミュニケーション（話す，聞く，見る，コミュニケーション機器の使用），一般的タスクと要請・他者との関係維持（時間感覚，空間感覚，安全確保，振る舞いを抑制する，複数のタスクを行う）に関わる20項目に分類される日常における活動である．CASF, Annexe 2-5 に内容の詳細がリスト化されている．なお Décret n° 2022-570 du 19 avril 2022 により，2023年1月よりリストに「複数のタスクを行う」「振る舞いを抑制する」が加わった．移動に関しては移送手段を用いた移動も含まれるようになった．
10)　ただし，フランスの社会モデルは環境との相互作用の評価において不十分であると指摘されている（IGAS, Le rapport 2019-2020 Handicaps et emploi, 2020 pp. 49-52, 66-67, 212-213）．
11)　上田敏『リハビリテーションを考える』（明石書店・1983年）73頁．
12)　佐藤久夫『障害構造論入門』（青木書店・1992年）174頁以下．
13)　本書「第3章　フランスの障害者雇用と福祉」68-81, 83-85頁参照．

第4章　結論　ドイツ，フランス，日本の障害者雇用・福祉政策の国際比較

　わが国においては，障害者手帳の所持者が雇用率に含まれる対象である．フランスにおいては，AAH受給者などは自動的に雇用率制度受益者となるが，ボーダーラインにある者は社会モデルをふまえた認定によりRQTHが与えられ，雇用率制度受益者となりうる．また，PCHやAAHも，医学モデルと社会モデルが組み合わされた形で認定が行われている．こうしたフランスの例に見られるように，一律に認定するのではなく，該当する制度ごとに社会モデルの導入が可能かどうかを検討する必要があろう．

　この場合日本では，給付がある場合には認定の厳密さが求められ，社会モデルは導入しづらい環境があるかもしれないが，少なくとも雇用率認定には社会モデルを導入することで，障害者の雇用を促進できる可能性がある．その場合，軽度の者が含まれてくるため，雇用率そのものも6%程度を目指す必要があるだろう．

2.　一般雇用（雇用率）

(1)　雇用の状況の国際比較と雇用率制度の未来

　雇用率制度については，日本の法定雇用率2.7%と比較すると，ドイツの法定雇用率が5%，フランスが6%と依然高い割合になっている．ドイツでは雇用義務の対象は20人以上の事業所である．フランスではすべての企業で申告が必要だが，納付金納入義務があるのは実質20人以上の企業である[14]．2018年法以前には労働法典L. 5212-1条により「本章の措置は少なくとも20人以上を雇用する使用者に適用され，商工業的公施設を含む」とされていたが，改定により「障害労働者の雇用優遇は全ての使用者に関わる．このため，政令で定める様式に従い，すべての使用者はL5212-13に掲げられる雇用義務受益者の人員総数を申告する．L. 5212-2条からL. 5212-17条は少なくとも20人以上を雇用する使用者に適用され，商工業的公施設を含む」とされた．

　日本では2023（令和5）年度から法定雇用率は段階的に引き上げられ，2026

---

14)　2018年法により改定．詳細は本書「第3章　フランスの障害者雇用と福祉」参照．

（令和8）年には2.7%，国及び地方公共団体等で3.0%，都道府県等の教育委員会は2.9%，特殊法人は3.0％となり，対象となる企業は従業員数37.5人以上の企業であるとなる予定である（表1）[15]．

表1　厚生労働省「障害者雇用率制度について」

(参考)令和5年4月以降の障害者雇用率 ※令和5年度は見直し前に据え置き、令和6年4月から令和8年6月までは(　)内の率。

＜民間企業＞		＜国及び地方公共団体＞	
民間企業	＝　2.7%(2.5%)	国、地方公共団体	＝　3.0%(2.8%)
特殊法人等	＝　3.0%(2.8%)	都道府県等の教育委員会	＝　2.9%(2.7%)

出典：厚生労働省「障害者雇用率制度について」https://www.mhlw.go.jp/content/000859466.pdf
　　　2024年7月27日最終閲覧

　それでも雇用率は，フランスやドイツより低い水準で，しかも対象となる事業所の規模も相対的には大きいままである．

　実雇用率については，ドイツでは，重度障害者416,503人が，これと同等の者89,266人が雇用されている[16]．実雇用率は，全体4.6%，民間4.1%，行政機関6.3％（2020年）である[17]．

　フランスでは2021年には，628,800人の障害労働者が，障害者雇用義務のある107,900の企業（民間企業及び商工業的公施設法人）で雇用されており，年間で421,900人のフルタイム換算に相当，フルタイムあたりの直接雇用率は3.5%であった（50歳以上の1.5カウントを含めず）[18]．同年の公的部門については，255,859人の障害労働者が雇用率制度の対象となり，その直接雇用率は5.44%であった[19]．

---

15) 厚生労働省「令和5年度からの障害者雇用率の設定等について」(2023年1月18日) https://www.mhlw.go.jp/content/11704000/001039344.pdf (2024年7月27日最終閲覧) 厚生労働省「障害者雇用率制度について」https://jsite.mhlw.go.jp/chiba-roudoukyoku/content/contents/001438618.pdf (2024年7月27日最終閲覧) あすらん「障害者雇用率，令和6年に2.5%，令和8年に2.7%に」https://athrun.co.jp/2024/03/02/障害者雇用率，令和6年に2-5%，令和8年に2-7に/ (2024年7月27日最終閲覧)

16) BIL, Jahresbericht, 2020/2021, S. 60. 2012年で重度障害のある就業者は，96万4650人となっている．このうち6500人は教育訓練生である (BIL, Jahresbericht, 2013/2014, S. 16.)．1万4031人がダブルカウントで計算されている．

17) Bundesarbeitsgemeinschaft der Integrationsämter und Hauptfürsorgestellen (以下 BIL と略す), Jahresbericht, 2020/2021, S. 61.

18) DARES, L'obligation d'emploi des travailleurs handicapés en 2020 et 2021 Un taux d'emploi direct de 3,5% en 2021, novembre 2022. 上記カウントを適用すれば4.5%であった．

19) FIPHFP, Rapport d'activité et de gestion 2021.

第4章　結論　ドイツ，フランス，日本の障害者雇用・福祉政策の国際比較

日本は雇用障害者数59万7,786.0人（2021年），実雇用率は2.2%である[20]．目標とする雇用率の高低は，雇用される障害者の数には影響を与えざるを得ない．

すこしずつ日本の障害者雇用率は上昇しつつあるものの，国際的な要請に鑑みるならばドイツ，フランスのレベルまで上昇していくべきである．全人口における障害者の比率をふまえ，障害者の雇用社会におけるインテグレーションの重要性を考えるならば，障害者雇用率の上昇は避けられないだろう．

(2) 公的部門での雇用率制度

ドイツでは公的部門においても雇用率制度が適用され，納付金の対象にもなっている．フランスは公的部門を対象として，FIPHFPが納付金を運用している．

わが国においては公的部門での雇用率偽装が問題となった．国，地方公共団体，教育機関が納付金制度の対象とされていない理由としては，①国等が，納付金以上の額を一般会計から雇用促進のために支出していること，②国は，民間企業と同一の競争に立つことがないため，事業主間での公平な競争条件を保持する納付金制度に調和しないこと，③仮に，国などから納付金を徴収すると，税金から支払われることになり，国民にその負担を転嫁してしまう結果となること，④利益誘導施策としての性質を有する納付金制度は，国などになじまないこと等が挙げられる[21]．しかし，納付金のサンクションがない公的機関が，雇用率を遵守しない，というのはありうるところであった．雇用率を遵守させるためには，公的機関も，納付金の対象になるべきかどうか，検討が必要であると思われる（たとえば，フランスでもドイツでも公的機関にも納付金納入の義務がある）[22]．

20）厚生労働省「令和3年　障害者雇用状況の集計結果」（2021年12月24日）https://www.mhlw.go.jp/content/11704000/000871748.pdf（2024年7月27日最終閲覧）

21）永野仁美・長谷川珠子・富永晃一『詳説障害者雇用促進法』増補補正版（弘文堂・2018年）112頁．障害者雇用については，菊池馨実・中川純・川島聡編『障害者法』（成文堂・2015年）140頁〔小西啓文・中川純執筆部分〕，障害者雇用の差別と配慮に関わる判例を検討したものとして，山田省三『障害者雇用の法理』季刊労働法225号（2009年）18頁．
松井彰彦教授は，障害年金を支給するよりも，障害のある人が働き，納税するほうが全体のリスクが挙がるという，ラーソンの見解を挙げて（日経ビジネス2009年3月30日号），費用対効果を突き詰めることが福祉事業に欠けていると指摘する（松井彰彦「『ふつう』の人の国の障害者就労」」松井彰彦・川島聡・長瀬修編『障害を問い直す』166頁，191頁）．

22）ほかには，重度の知的・精神障害者のダブルカウントの問題や短時間労働者のカウント方法の問題も指摘されている（松井亮輔・川島聡編『概説障害者権利条約』（法律文化社・2010年）277頁〔崔執筆部分〕）．フランスにおいては，2018年法の以前は「26歳未満・

（3）雇用の分野での助成（特に賃金助成の可否）

日本とドイツ及びフランスの雇用上の助成を比較すると，給付内容に類似性がみられる一方，重要な差異もある．例えば，ドイツの納付金制度には障害者本人に対する給付が存在している．この給付には，以下のようなものがある．① 技術的な労働補助，② 職場に達するための補助，③ 起業のための補助，④ 障害に応じた住居の購入・装備・維持のための補助，⑤職業上の知識・能力獲得・拡人のための補助，⑥ 特別な状況に対する補助等である．フランスにおいてもAGEFIPHによる障害者本人に対する給付として，上記ドイツの例に類似する支援があり，加えて，PCH等社会的扶助により補償がなされている．

また，ジョブ・アシスタントの制度については，ドイツでは，納付金に基づいて助成が行われている．福祉における介助が職場に入ることも可能である．フランスでは，介助者の雇用にはPCHといった社会的扶助があり，我が国の重度訪問介護と異なり職場でも使用することができる．これを補足するものとして納付金が原資の助成（障害重度支援金など）がある．これらにより，雇用の領域において，ジョブ・アシスタント（あるいは介助者）が障害者に随伴することができ，トイレの補助，移動補助等が可能である．とくに，フランスでは重度訪問介護における職場での使用制限はなく，かつドイツ，フランスともに納付金による助成を用いることができる．切れ目のない支援の実現，手続及びシステムの煩雑さや納付金の資力の問題の解決もより期待できる．障害の種類と重度によっては，ジョブ・アシスタントによる随伴がなければ，企業や公的機関において，就労が不可能になってしまうこともある．

日本でも，納付金を財源として障害者介助等助成金等を通じて，朗読・代読，文書作成・代筆，書類作成・整理，移動・付添の介助に加えて，食事・トイレ等の介助，及び通勤の介助が助成されるようになった．食事・トイレの介助を含めて付添が認められなければ，障害者が仕事に就けず，インテグ

51歳以上」，「初めての障害労働者雇用」に対して1.5，「福祉就労転出者」，「長期失業者」，「障害重度認定者」についてダブルカウントであったが，2020年以降，長期失業の可能性が高い50歳以上の労働者のみ1.5カウントされる．また，短時間労働者についても2018年法以前は法定労働時間の半分以下の者は0.5，それ以上の者は1としてカウントされていたが，2020年以降，より細かく規定され，法定労働時間に対する労働時間・12ヶ月における対象就業期間の割合に応じてカウントされる（小澤真「フランス2020年障害者雇用の変化：民間部門および公的部門における改革」『職業リハビリテーション』第34巻No.2（日本職業リハビリテーション学会・2021年）2-11頁）．

レーションを不可能にしてしまう．企業や公的機関での，ジョブ・アシスタント随伴の必要性は，ドイツ等の例をみれば，明白である．食事やトイレは私的な行為であるため，この介助に対する配慮を使用者に求める義務はないという考えもあり得る．しかし，こうした行為は使用者の合理的配慮義務の範囲内であると解釈することもできる．なぜなら，ジョブ・アシスタントが障害者の私的な行為（トイレ介助など）を支援することは，障害者の雇用において不可欠であり，こうした私的な行為（生理的な介助）を含むことが前提となるからである．日本においては，自宅では重度訪問介護を受けていても職場ではこれを用いられない．代わりに，重度訪問介護サービス利用者等職場介助助成金・通勤援助助成金＝職場・通勤介助者の配置や委嘱等助成金により，職場でも前述のような介助を受けられる．しかし，重度訪問介護の申請は市で行い，職場介助助成金等の申請は事業主を通じて行政機関に行うこととなり，これでは切れ目のない支援すなわちワンストップサービスとは言い難く，手続が煩雑である．

　そのほか，職場介助等助成金では障害種別が限定されていること（視覚障害及び身体的重複障害）などの課題がある。これに対して助成対象を広げた場合，雇用率上昇による納付金の強化という選択肢もありうる。ただしその場合でも納付金の資力の問題はあろう．税や他の社会保険を財源とすることも検討する価値がある。他方で，納付金によらない支援，すなわち重度訪問介護の職場での使用制限についても撤廃を含め検討すべきであろう。

　さらに，著しい差異がみてとれるのが，納付金制度に基づく，賃金補助の制度である．ドイツでは，労務減少分に対する補助金，ブジェー・フュア・アルバイト，そして編入給付金がある．フランスでは，適合企業を除く一般企業に対する障害労働者の職務助成の名目で行われる支援は存在せず，AGEFIPHのいくつかの助成が障害補償のために用いられているのみである．ただし障害重度関連支援金（AGEFIPH）は，可能な限りの合理的配慮が行われていることを確認した上で，健常の労働者と比較した障害による損失を査定し，その損失を補填する目的で持続的に使用者に対し助成を行うもので，結果的には賃金補填に類似するものと言えるだろう．この障害重度関連支援金の内容は，フルタイム換算で年あたり最低賃金時給の550倍（通常率）または1,095倍（割増率）の水準となっている（期間は3年，更新可能）．

161

一方，賃金補助に関する給付は日本には存在しない．通常の労働者が賃金補助を得ていないのであれば，障害者が賃金補助を受けるのはおかしいという議論もあろう．しかし，障害の程度によって，労働提供（ないし役務提供）の量やスピードが減少すると認められる場合に，障害が理由である場合に限り，これを賃金補助という形で国が補填するというのは，配慮のあり方としては十分可能性があるのではないだろうか．

3. 社会的雇用

(1) 社会的雇用の国際比較とあるべき姿

日本，ドイツ，フランスの障害者雇用政策を比べるとき，最も差異が顕著であるのが，インクルージョン企業（旧名称は統合企業）のような社会的企業の存否である．フランスの適合企業，ドイツのインクルージョン企業は，イギリスのいわゆる社会的企業に相当する．フランスでは，租税により助成され，ドイツは納付金制度で運用されている，という差異がある．ドイツでは，約13,590人の重度障害者がインクルージョン企業で雇用されつつある（第2章参照）．フランスでも社会的企業の一種である適合企業には職務助成がなされており（年齢により17,877 〜 18,574ユーロ），適合企業におよそ40,500人が雇用されている[23]．

ドイツのインクルージョン企業，フランスの適合企業は，労働契約の結ばれる一般就労として考えられている．一方，わが国の就労継続A型事業所では，福祉的就労とみなされ，最低賃金適用除外制度の適用の余地があり，労働者としての地位が十全ではない．日本の就労継続A型事業所と異なり，ドイツのインクルージョン企業，フランスの適合企業は，福祉的就労と整理されることはない．加えて，日本では一般就労に属する類似のものとして，特例子会社がある．

こうした種類の企業においては，シェルタード・ワークショップのように，

23）UNEA, Chiffres clés. https://www.unea.fr/chiffres-cles（2024年7月10日最終閲覧）

第4章　結論　ドイツ，フランス，日本の障害者雇用・福祉政策の国際比較

一所に障害者が集められて就労する形が主流であるが，インクルーシブな職場環境という観点からは問題があり，そのため障害者の割合が高ければ高いほど推奨される，というわけではない．日本の特例子会社は障害者の割合が全従業員に比して高く，健常の労働者は少ない．障害をもつ者とそうでない者が共存するような，インクルーシブな職場というには程遠いわけである．一方で，ドイツ，フランスの社会的企業にあたる企業には，各事業所における全従業員に占める障害者の割合には実質的上限が設定されている．ドイツのインクルージョン企業には障害者採用の上限が50%と定められている．インクルーシブな雇用という観点から，障害者の労働者の割合が高くなりすぎることを避けるためである．フランスでは職務助成金が交付される障害労働者上限が75%であり，2023年の適合企業従業員数における障害者数の割合はおよそ71%であるが，インクルーシブであるためには，この割合はまだまだ高いと言えそうである．これに対し，特例子会社にはその上限に定めはないものの，障害者の割合は厚生労働省の報告[24]によるとおよそ74%であるが，親会社や系列会社の雇用率に含めることができるという制度そのものに包摂性の観点から問題があろう．

　また，労働法の適用範囲内である障害者総合支援法上の就労継続A型事業所と，労働法の範囲外である就労継続B型事業所があり，それらの法的な位置付けも問題をはらんでいる．

　日本は国連障害者権利委員会から，シェルタード・ワークショップからの障害者の労働市場への移行が必要であると指摘されている．しかし，そもそも，就労継続A型事業所は一般の市場で企業と競争し，さらに企業が事業所経営に参入している状況である．また，就労継続A型事業所で就労している障害者には労働法が適用されるような位置づけであるにもかかわらず，この事業所は障害者総合支援法上の福祉的就労と位置づけられている．そのため，日本では，障害者がシェルタード・ワークショップに隔離されているかのような印象を与えかねない．具体的には，同法によれば「就労継続支援」とは，通常の事業所に雇用されることが困難な障害者につき，就労の機会を提供するとともに，生産活動その他の活動の機会の提供を通じて，その知識及び能力の向上のために必要な訓練をすることをいう．訓練という位置付けで，か

---

24)　厚生労働省「令和3年障害者雇用状況の集計結果」(2021年).

つ必ずしも一般労働市場に移行することを前提とはしていないことが，問題になり得る．

　また，就労継続支援の中には，雇用契約が締結されるＡ型（従来の福祉工場）と雇用契約に基づく就労が困難な者のためのＢ型があるわけであるが，しかし，事業所と労働契約を締結できる者とそうでない者が，同一の給付類型（訓練等給付）の中に存在するのが妥当なのか，この点の理論的な説明はなされていない．

　そこで，長いスパンで考えれば，少なくとも現在のＡ型事業所は（その名称はともかく）将来的には障害者雇用促進法の枠内で扱うという立法手法も論理的にはあってよいだろう．

　ドイツ及びフランスでは，ともにこうした社会的企業は助成を得て，市場にて一般企業と競合しうる事業性を有している．わが国でも当面はＡ型事業所に対する助成を行うことも必要であろう．また，Ａ型・Ｂ型事業所ともに労働者の所得保障が十分になされているとは言い難い状況であることを勘案すると，職務に対する助成（賃金補填）を導入することも考慮の範疇とすべきである．

　助成に関して，わが国における好事例として，箕面市では社会企業の機能を果たす事業所に対し，税方式で助成を行い，事業所は障害者に最低賃金以上を支払うことが可能になっていることを付記しておく．

　今後，日本において，一般就労と福祉的就労の中間的な雇用形態を構想する場合や，福祉的な就労に代わる代替的な一般就労の雇用形態を模索する際，ドイツ法にあるような雇用納付金によって財政的に支援を受ける仕組みは，検討する価値が十分にある．こうした社会的雇用を推進する必要は明白であるが，どの財源を基に運営していくべきかという問題もある．これについては，納付金を基に社会的な企業の運営を補助する仕組みが相当であると考える．

　また，財政赤字が深刻になる日本の財政にあっては，税による福祉予算の削減も懸念される．そして，福祉的な就労とこれを支援する財政的な仕組みから，障害者の就労を切り離さない限り，障害者の就労は福祉予算に依存することになりかねない．さらに，税によってこれらの事業が支出される場合，障害者がなぜそこまで支援を受けることが正当化されるのかという批判が生じる可能性もある．しかし，雇用納付金により社会的な企業が財政的に支援を受ける場合，結局のところ，雇用率を順守しない企業が，競争相手である社会的な企

164

業へ雇用納付金を通じて財政的な支援をすることになる．国が雇用率制度を実施する以上，こうした支援が雇用率を順守しない企業に対する一種のサンクションとして機能するというのは，理由としては十分説得力がある．

(2) 社会的雇用の対象と助成

補助の対象も重要である．ドイツのインクルージョン企業では，重度障害者を30％から50％就労させていなければならないとされている．フランスの適合企業では55％から75％の障害労働者の就労が助成金交付の条件となる．それだけ障害のない労働者を多く雇用していなければならないことになり，その意味で，ドイツの50％は障害者の就労への平等な参加を可能にする数字であると言える．

ドイツでは，インクルージョン企業に対しても，納付金により，使用者に対する給付を中心とした助成制度が運用されている．給付内容は，一般企業に対する給付内容と同じ内容である．この点で，フランスの適合企業への助成と比較すると，ドイツのインクルージョン企業への助成は一般企業への助成と変わらない制度となっていることがわかる．

さらにドイツでは，事業内容も多岐にわたるが，一般企業との競争があるため，起業にあたって州統合局により経営上の審査と助言が行われている．ヘッセンの統合局でも経営の専門家がこれらの業務を担っている．使用者には福祉と経営の双方の知識が必要とされるため，こうした支援は有用であろう．それでも，廃業するインクルージョン企業も少なくないため，事業運営の難しさが浮き彫りになっている．

統合政策の一環として導入された就労支援担当業者であるが，ニュールンベルク就労支援担当業者の説明によれば，就労斡旋後，長期にわたり随伴的な支援を企業内で行い続けることで，障害者は企業に定着し，作業所へ戻ることは少なくなる．またカッセルの就労支援担当業者によれば，一旦支援したのち，障害者はまた単独で企業で働くことになるが，精神障害者の場合には，ときおり支援を行うことで年金受給の年齢まで勤め上げることもある．このことから，短期間の支援しか行えない場合，定着率はそれだけ下がるのではないかと考えられる．いくつかの就労支援担当業者が連携し，一元的な支援を行うことが望ましく，また継続的に支援していくことが重要である．

一方，フランスでは納付金の使途の大部分が，使用者への支援と障害者個人への支援に充てられ，後者は求職者の支援もカバーしている．前述のように重度障害者に対しては賃金補填として恒常的に給付される助成も存在する．納付金を運用するAGEFIPHの助成は，主に一般企業に向けたものとなっているが，これは適合企業には国からの助成があるためである．適合企業への助成はすなわち賃金補填である．障害者向けの社会的企業，一般企業ともに賃金補填が存在することは重要である．

4. 福祉的就労

(1) 所得保障

　日本では，所得が一定程度あるが生活をするのに十分でない場合，障害年金制度があり，令和6年現在の年金額は表2のとおりである．また生活保護制度があるが，これら以外の制度は十分整備されていない．

表2　厚生労働省「障害基礎年金の年金額」

障害基礎年金の年金額（令和6年4月分から）

1級

昭和31年4月2日以後生まれの方	1,020,000円 + 子の加算額※
昭和31年4月1日以前生まれの方	1,017,125円 + 子の加算額※

2級

昭和31年4月2日以後生まれの方	816,000円 + 子の加算額※
昭和31年4月1日以前生まれの方	813,700円 + 子の加算額※

子の加算額

2人まで	1人につき234,800円
3人目以降	1人につき78,300円

子の加算額はその方に生計を維持されている子がいるときに加算されます。
なお、子は18歳になった後の最初の3月31日までの子、または20歳未満で障害等級1級または2級の状態にある子です。

出典：厚生労働省「障害基礎年金の受給要件・請求時期・年金額」https://www.nenkin.go.jp/service/jukyu/shougainenkin/jukyu-yoken/20150514.html　2024年7月27日最終閲覧

第4章　結論　ドイツ，フランス，日本の障害者雇用・福祉政策の国際比較

　フランスでは，福祉的就労施設であるESATの就労者は労働者に準ずる権利を有する．ESATでは労働契約ではなく，労働支援契約が結ばれる．この契約によって保障報酬を含む権利について定められる．労働時間上限は週35時間で，労働法典の範囲内とされる．また最低賃金の55.7%以上の賃金が保障されるが，パートタイムの場合には当然それに応じて金額が調整される．保障報酬に含まれる職務助成金が，ESATへの入所契約が成立した場合には試用期間から支給される．病気の場合，保障報酬は疾病保険により維持される．

　フランスでも福祉的就労施設の就労者は労働契約を結んでいないため，労働法は一般に適用されないが，就労している利用者が休所中の分の有給休暇を求めて起こした訴訟により，EU法上の休暇に関してESAT就労者も労働者として認められた．欧州司法裁判所は，労働時間に関わるEU指令2003/88の第7条及び憲章の第31条（2）の意味における「労働者」の概念は，手続で問題となっているような「CAT[25]に認められた人を含むことができることを意味する」と解釈されなければならないとしている[26]．

　ドイツでは，福祉的就労である作業所の障害者は，労働者とは扱われない．しかし，労働者類似の者として法律上扱われ，連邦休暇法，労働裁判法の適用がある．またドイツの基礎保障制度は，ハルツ法の一環で作られたもので（ハルツIVと呼ばれている），収入が少ない人に向けた制度として，日本でも注目されてきた．

---

25) 現在の ESAT にあたる.
26) CJUE, C-316/13. 事実の概要は以下のようなものである. 原告は 1996 年 2 月 1 日から 2005 年 6 月 20 日まで CAT（現在の ESAT）の利用者であった. 当初, 彼は定期的に 5 週間の年次有給休暇を享受していた. 2004 年 10 月 16 日から CAT を去るまで原告は病気休暇中だった. この休所期間が始まった時点で, 2003 年 6 月 1 日から 2004 年 5 月 31 日までの勤務期間に関連して, 原告は 12 日間の年次有給休暇を行使していなかった. さらに原告は 2004 年 6 月 1 日から 2005 年 5 月 31 日までの基準期間の年次有給休暇の恩恵を受けることができなかった. 原告によると上記の 2 つの期間, 取得されなかった年次有給休暇の権利として, 945 ユーロの金銭的手当の支払いが認められるべきであるとした. 施設はこの支払いを拒否し, アヴィニョン小審裁判所が最終的に彼の補償請求を棄却したため, 原告は破毀院に上訴した. 破毀院は判決を延期, 以下の予審的質問を司法裁判所に付託することを決定した. 1) 指令 89/391 の第 3 条は, 適用範囲を定める指令 2003/88 の第 1 条の規定が参照するものであるが, この第 3 条の意味で CAT の入所者は「労働者」と認められうると解釈すべきか, 2) 憲章第 31 条は, このような者が, 第 31 条の意味において「労働者」に分類される可能性があるものと解釈されなければならないか, 3) 国内法が有給休暇の権利を享受することを規定していないとしても, このような者が, 有給休暇の権利を取得するために憲章に基づく権利に直接依拠することができるか, また国内裁判所はその権利の完全な効果を確保するために, 国内法のいかなる反対する規定も適用できないのか. 以上に関して欧州司法裁判所に先行判決を求めた. 本文は, 欧州司法裁判所の判断である.

日本では，福祉的就労の障害者は，労基法9条における事業の概念が適用され，労働生産性が乏しいということを理由として，労働者ではないとされてきた．とくに，事業収入の少なさへの配慮として，労働者ではないとされてきた面がある．

　福祉施設で就労する低所得の障害者や，また，老齢年金の受給額が不十分なために働かざるを得ない高齢者は多い．ダブルワークを余儀なくされる人々は，国を問わず存在する．新型コロナウイルスによるパンデミックやロシア・ウクライナ戦争が原因で物価が急上昇するなかで，世界の貧困率は上昇すると予想されている．所得保障制度の充実は急務であろう．

　その際，健常者と障害者の所得格差も指摘されている．また，就労を阻害しない所得保障は重要な視点である[27]．

　とくに日本では，就労継続支援B型事業所等における工賃の低さが常に問題になっている．B型事業所は職業リハビリテーションを行う場所であり，障害者は，労基法，労災保険法，最低賃金法上の「労働者」とはみなされない．これに対し，福祉的就労にある障害者が労働者であることを認め，労働法規の適用を認めるべきだという見解もある[28]．

　最近の動向であるが，アメリカでは，最低賃金適用除外制度を廃止する傾向がある．アメリカでは，最低賃金以下の賃金を支払う場合には，公正労働基準法第14条（C）最低賃金適用除外規定（以下，第14条（C））に基づき，州労働局からその許可（原則として2年ごとに更新）を受けなければならない．バーモント，メイン及びオレゴンの3州ではこの第14条（C）の廃止または廃止途上にあることが報告されている[29]．こうした例を踏まえると，最低賃金適用除外制度を維持する政策の合理性も問われることになる．今後，日本でも，同様の議論が可能であり，注目される[30]．

　ただ，福祉的就労にある障害者をすべて「労働者」としてとらえるかどうかについては，課題も残る．ドイツでは作業所の障害者は「労働者類似の者」とされ，「労働者」とはされていない．フランスにおいては労働者に準ずる権利

27）　福島豪「障害者の社会保障」法学セミナー745号（2017年）41頁，45頁．
28）　松井・川島・前掲書278頁（崔執筆部分）．
29）　松井亮輔「海外情報 - 最賃以下の賃金：障害者の市民権へのインパクト─米国市民権委員会2020年報告─」新ノーマライゼーション9月号（2021年）https://www.dinf.ne.jp/d/2/569.html（2024年7月27日最終閲覧）．
30）　松井亮輔「障害者雇用の今後のあり方をめぐって」季刊労働法225号（2009年）31頁，37頁以降は，ドイツ，フランスのあり方と比較して問題点を指摘している．

第4章　結論　ドイツ，フランス，日本の障害者雇用・福祉政策の国際比較

が認められ，その権利を規定する法制度が主に労働法の準用によって確立している が，労働契約が結ばれる労働者とはみなされない．国際的状況を見極めつつ，検討していくべき事柄である．

　個別的な立法によって，労働条件明示義務，就業規則作成義務，工賃不払いの場合の支払原則（倒産の場合も含む），休憩時間，年次有給休暇，労働安全衛生に関する規定を福祉的就労施設に適用する必要があると思われる．あるいは，個別的な立法によって，労働基準法や労働契約法を準用する定めを置く方策もありうる[31]．「労働者」とは異なる第三のカテゴリーを定立するという考えもある。

　フランスにおいては，上述のように労働時間に関する指令2003/88/CEの7条，及び基本的権利憲章31条の意味において，すなわち少なくとも有給休暇に関する労働法典L.3141-3条，L.3141-5条，L.3141-26条に照らしてESATの就労者も労働者として認められた．ただし，ESATの就労者には利用者としての側面もあり，本件に関しては議論と改革の最中である．2024年より，ESATの利用者には労働組合参加の権利とストライキ権等が付与された．今後の動向に注目すべきである[32]．

　フランスでは社会的企業である適合企業と，福祉的就労施設であるESATに対して国庫から職務助成が行われており，適合企業やESATで就労する者の所得保障がなされている[33]．これにより，上述のように，最低賃金に相当する所

31）フランスでは社会福祉・家族法典の枠内で，労働法典の規定を準用することにより，労働法が適用される一般労働者に近い権利保障を実現している．社会福祉・家族法典で独自の規定を設けているのは，報酬（保障報酬及びボーナス），休暇の一部（年次有給休暇，家族行事休暇），祝日労働の規制，社会生活委員会，利用者代表制度，教育・研修制度に関するいくつかの権利，及び入退所についてである．報酬は労働契約が結ばれず，給与という形での報酬ではないため，また，入退所についても労働契約ではなく，労働支援契約であるために，社会福祉・家族法典独自の規定が置かれている．

32）小澤真「フランスにおける障害者福祉的就労施設（ESAT）利用者の労働者に準ずる権利と施設の権限に関する一考察」『労働法学会誌』第137号（法律文化社・2024年）281-192頁.

33）フランスのように，国が工賃の少ない障害者への補助を行うことは，論理的には整合性がとれているといえる．フランスのESATの工賃にあたる保障報酬は施設による給与部分と賃金補塡の助成部分から成る．ESATによって支払われるSMICの5％以上の給与部分と，国から支給されるSMICの50.7％を超えない職務助成部分からなり，ESATから支給される給与がSMICの5％から20％の間の場合には国からの支援の金額はSMICの50.7％で，ESATから支給される報酬が1％増加するたびに国からの助成は0.5％ずつ減少し，最低賃金の55.7％から110.7％の所得となる（国庫による職務助成金を含む）．この保障報酬に加え，家族手当金庫（CAF）から給付される成人障害者手当（AAH）や住居手当等を受け取ることができる．最低賃金は適用されないものの，これらを加えることで，おおよそ最低賃金に近い所得となる．

169

得を障害者が受け取ることが可能となっている．日本においては「訓練」の名目であるため福祉的就労施設の就労者に対する所得保障は極めて弱い．しかしながら，こうした施設で職業人生を終える障害者も多く，そうした人々に対する所得保障が十分になされないのは問題であろう．将来的には，フランスのような助成を行うことによって，作業所の工賃を助成し，最低賃金に相当する額を保障する制度づくりが求められる．

(2) 国連の障害者権利条約の履行の問題

国連の障害者権利委員会から，障害者の労働及び雇用の権利に関する一般的意見第 8 号において，「(i) 資源，時間枠及び監視メカニズムを伴う具体的な行動計画を採択することで，シェルタード・ワークショップを含む分離された雇用を速やかに段階的に廃止し，開かれた労働市場への移行を確実にすること．」（佐野竜平，松井亮輔，佐藤久夫訳）と指摘されている．ドイツ，フランスも同様の勧告を受けている．

しかし，障害者のためのシェルタード・ワークショップを廃止するのは，非常に困難な課題である．ドイツやフランスも，日本より早い段階で同委員会より勧告を受けているが，ドイツに対する同委員会からの最近の最終見解[34]では，とくにワークショップ（作業所）の段階的廃止は求められていない．

フランスにもおいてはESATの改革が進められているが，その廃止については批判的な意見も存在する[35]．こうした施設の廃止によって利用者や保護者の負担が増す可能性が指摘されている．国連の同委員会のこうした見解には疑問が残る．条約は国家間の合意である．障害者権利条約との関連で述べているものの，シェルタード・ワークショップの廃止は，国家間で約されたものだったのだろうか．仮に，障害者権利条約から，シェルタード・ワークショップの廃止という法規範が導出できたとして，国際経済社会において，資本主義社会や共産主義社会という異なる経済体制の中で，失業という問題にどう立ち向かうのか，という解答が同委員会から示されていない．シェルタード・ワークショップが廃止されるのであれば，国や企業がその障害者を雇用しなければならないが，現時点ではそれは不可能である．また，シェルタード・ワーク

---

34) CRPD/C/DEU/CO/2-3.

35) Gérard Zribi, Supprimer les ESAT retirerait un droit au travail, Actualités sociales hebdomadaires, 3261, 2023, pp. 12-13. 詳細は第 3 章を参照．

ショップに代わる障害者雇用の受け皿も必要である．同委員会は，シェルター
ド・ワークショップの廃止について勧告する一方で，障害者雇用の受け皿に関
する展望を丁寧に示すことはない．それがなければ，障害者に待つのは，失業
という事態であるということになりかねない．

　しかし，障害者権利条約が示す平等の理念に沿うよう，障害者権利委員会が
隔離政策をやめ，労働市場への移行を進めなければならないという方向性は，
正しいように思われる．ドイツもフランスも，そのための道筋を少しずつ歩い
ているところである．

　本書では，ドイツやフランスの労働市場への移行政策を示してきた．ドイツ
では，労働市場への編入，統合政策を目的として，社会的企業にあたるインク
ルージョン企業とそれへの補助金の制度を充実させ，IFD（就労支援担当業者・
員）制度，援助付き雇用制度等を推進している．また，ブジェー・フュア・ア
ルバイトの制度が運用されつつある．納付金を基にしたインクルージョン企業
への給付金制度や援助付き雇用制度[36]は，日本にはみられない制度である．

　フランスでは，それまで草の根の支援であった援助付き雇用を法制化した．
また，ESATから一般労働市場への編入を促進すべく，ESATでの就労と一般
企業での就労を並行して行えるよう，改革が行われた．この他，ESATを含め
た障害者のための医療社会福祉施設の財政支援の合理化に関する改革（SERAF-
IN-PH）が進められている．

　今後，障害者権利条約にもとづき権利委員会が指し示す，障害者の労働市場
への移行を進めるべきであるという方向性を，日本政府や団体，企業等が受け
止め，発展させていかなければならない[37]．

36）フランスでは援助付き雇用制度の運用資金として国庫以外に一部納付金が入る．
37）ただし，理想を追求する余り，利用者や保護者の意向を無視するようなことがあっては
　　ならない．支援を行う団体や家族の役割は重要である．

171

後 記

小澤　　真
高橋　賢司

　本書はドイツ，フランスの障害者雇用とそれに付随する福祉についての研究であり，独仏日の比較を通して，わが国の施策に資するべき著作となることを目指した．その目的はある程度果たしたように思う．

　本書の経緯について少し説明しておくと，故・大曽根寛放送大学名誉教授が2011年から主催していたEU・ドイツ・フランスにおける障害者雇用研究会での議論から始まっている．その成果は，2011年度から2015年度にかけての大曽根寛・高橋賢司・引馬知子「障害をめぐるEUの政策と各国の相互作用に関する国際比較研究-社会的包摂に向けて」科学研究費補助金（研究課題番号：40203781）に示されている．当時はドイツ，フランスについては，国連障害者権利条約をいかに批准し実現していくかについて不透明な部分もあり，まだ中間報告的な側面もあったと思われる．

　その後，ドイツ法，フランス法ともに大規模な法改正がなされた．そこで2020年に大曽根寛・高橋賢司に小澤真が加わり，その後の動向を追うこととなった．本書は独仏を対象として一般就労，社会的企業，福祉的就労それぞれについて調査を行なっている．特に国連障害者権利条約の批准以後，委員会からの総括所見等を受けて，制度が改められ，障害者雇用をめぐる新たな動きがみられた．その動向もフォローしている．また行政的な統計データも最新のものを掲載している．

　大曽根教授は本書の発起人であり，当初は大曽根教授も執筆にあたる予定であったが，ご病気のために断念された．その後，大曽根教授はご逝去の直前までzoomミーティングによる議論に参加しておられたが，本書の結実を見ることなく永眠された．2023年中に出版予定であったが，ようやくここに出版することができた．本書の上梓によって，大曽根教授との約束もひとつ果たすことができた．

本書出版においては立正大学研究費（高橋研究室），大阪公立大学研究費及び研究奨励費（小澤研究室）を得た．また大阪公立大学出版会の八木孝司氏，西本佳枝氏，とくに編集に携わっていただいた中村奈々氏には大変お世話になった．この場を借りて感謝の意を示したい．そしてもちろん，この本を手にとって下さった読者の皆様に．

　2025年1月16日

初 出 一 覧

1. 大曽根寛・高橋賢司・引馬知子「障害をめぐるEUの政策と各国の相互作用に関する国際比較研究-社会的包摂に向けて」（2015年）科学研究費補助金（研究課題番号：40203781）を元に，大幅に記述を改めている．ただし，第2章第2節「C. 障害認定」，第4節「A. インクルージョン企業とは」，「C. インクルージョン企業の実際」の各部分は，執筆者が行った当時のインタビュー調査によるもので，貴重なものであると思われたので，要約し改めて掲載していたが，インクルージョン企業については，さらに，別の調査内容も付加した．他の記述については，本書では，制度の説明も付加し，改正分や国連障害者権利条約の問題，行政のデータなど大幅に記述を改めた．

2. 障害者職業総合センター編「欧米の障害者雇用法制及び施策の動向と課題」（2012年）10頁，25頁以下高橋賢司執筆部分（本書第2章第2節）

3. 高橋賢司「ドイツの作業所や障害のある人の所得保障について」TOMO（2023年7月号）（本書第2章第3節．作業所協議会，2014年のドイツでの調査など加筆）

【著者紹介】

高橋　賢司（立正大学教授）

【略歴】

1996年　中央大学大学院法学研究科博士前期課程　修士（法学）

2003年　テュービンゲン大学　法学博士号取得

　　　　立正大学法学部教授（労働法）

　　　　日独労働法協会理事・会長

　　　　日本労働法学会・社会保障法学会・職業リハビリテーション学会会員

【著書】

単著　『成果主義賃金の研究』（信山社・2004年）

単著　『解雇の研究』（法律文化社・2011年）

単著　『労働法講義 第三版』（中央経済社・2022年）

編著　『障害者における合理的配慮』（中央経済社・2025年）

共著　『テキストブック労働法 第2版』（中央経済社・2021年）

分担執筆　障害者職業総合センター編『欧米の障害者雇用法制及び施策の現状』（2011年）（ドイツ法執筆）

分担執筆　吉川雅博・朝日雅也編『障害のある生活を支援する』（放送大学教育振興会・2013年，障害者雇用等執筆）

小澤　真（大阪公立大学講師）

【略歴】

2008年　ナント大学文学・言語・コミュニケーション研究科Master2課程修了　修士（文学）

2011年　東京大学大学院総合文化研究科博士後期課程　単位取得満期退学

　　　　日本労働法学会・日本職業リハビリテーション学会・社会政策学会・日本フランス語教育学会会員

【論文】

単著　「フランスにおける障害者福祉的就労施設（ESAT）利用者の労働者に準ずる権利と施設の権限に関する一考察」日本労働法学会誌第137号（法律文化社・2024年）281-292頁.

単著　「テレワークによる孤立の問題と対策：コロナ禍におけるフランスの事例から」日本労働研究雑誌第751号（労働政策研究・研修機構・2023年）122-137頁.

単著　「フランス2020年障害者雇用制度の変化 民間部門および公的部門における改革」職業リハビリテーション第34巻第2号（日本職業リハビリテーション学会・2021年）2-11頁.

単著 「新型コロナウイルス感染の影響下におけるフランスの障害者就労支援の動向
AGEFIPH と FIPHFP による特例支援」大阪府立大学紀要人文・社会科学第 69 号
（大阪府立大学高等教育推進機構・2021 年）29-56 頁.

大曽根　寛（放送大学名誉教授）

【略歴】

1975 年　法政大学法学部法律学科卒業

1985 年　東京都立大学大学院博士後期課程満期退学

2023 年　没

【著書】

単著 『成年後見と社会福祉法制』（法律文化社・2000 年）

編著 『ライフステージ社会福祉法』（法律文化社・2008 年）

編著 『社会保障のプロブレマティーク』（法律文化社・2008 年）

編著 『現代の福祉政策』（放送大学教育振興会・2010 年）

編著 『社会福祉と権利擁護』（放送大学教育振興会・2012 年）

分担執筆　吉川雅博・朝日雅也編『障害のある生活を支援する』（放送大学教育振興
会・2013 年）

大阪公立大学出版会（OMUP）とは
本出版会は、大阪の5公立大学－大阪市立大学、大阪府立大学、大阪女子大学、大阪府立看護大学、大阪府立看護大学医療技術短期大学部－の教授を中心に2001年に設立された大阪公立大学共同出版会を母体としています。2005年に大阪府立の4大学が統合されたことにより、公立大学は大阪府立大学と大阪市立大学のみになり、2022年にその両大学が統合され、大阪公立大学となりました。これを機に、本出版会は大阪公立大学出版会（Osaka Metropolitan University Press「略称：OMUP」）と名称を改め、現在に至っています。なお、本出版会は、2006年から特定非営利活動法人（NPO）として活動しています。

About Osaka Metropolitan University Press (OMUP)
Osaka Metropolitan University Press was originally named Osaka Municipal Universities Press and was founded in 2001 by professors from Osaka City University, Osaka Prefecture University, Osaka Women's University, Osaka Prefectural College of Nursing, and Osaka Prefectural Medical Technology College. Four of these universities later merged in 2005, and a further merger with Osaka City University in 2022 resulted in the newly-established Osaka Metropolitan University. On this occasion, Osaka Municipal Universities Press was renamed to Osaka Metropolitan University Press (OMUP). OMUP has been recognized as a Non-Profit Organization (NPO) since 2006.

ドイツ・フランス・日本の障害者雇用と福祉

2025年3月20日　発行

著　者	髙橋 賢司，小澤 真，大曽根 寛
発行者	八木 孝司
発行所	大阪公立大学出版会（OMUP） 〒599-8531　大阪府堺市中区学園町1-1 大阪公立大学内 TEL　072(251)6533 FAX　072(254)9539
印刷所	石川特殊特急製本株式会社

ⓒ2025 by Kenji Takahashi, Makoto Ozawa. Printed in Japan
ISBN 978-4-909933-82-9